LA

PHILOSOPHIE DU DROIT.

Corbeil, imprimerie de Crété.

LA
PHILOSOPHIE DU DROIT,

OU

EXPLICATION DES RAPPORTS SOCIAUX.

PAR

DIMITRY DE GLINKA.

PARIS,

JOUBERT, LIBRAIRE DE LA COUR DE CASSATION,

RUE DES GRÉS, 14, PRÈS LA FACULTÉ DE DROIT.

—

1842

PRÉFACE.

Il y a environ six ans, que l'auteur de cet
ouvrage a publié un écrit sur le droit naturel. La conviction qu'il avait acquise, qu'aucune des théories qui existaient sur cette
science n'en dévoilait la nature intime, conviction partagée par les plus grands maîtres
en philosophie et en droit, avait donné lieu
à ce premier essai.

Mais quoique cet essai contînt déjà en germe l'idée du droit, l'auteur n'avait pas encore
acquis la force nécessaire pour suivre le mouvement dialectique de cette idée dans son
développement; parce que les abstractions
qui constituent la méthode dialectique, pré-

sentent des contradictions qu'il ne savait encore résoudre.

Depuis la publication de cet essai, dont les matériaux ont été refondus dans le présent ouvrage, l'auteur a étudié la nature des deux élémens sociaux, le droit et la liberté, et il s'est convaincu que la tendance à les séparer conduisait au despotisme ou à la terreur, mais que leur action et leur réaction réciproques étaient la source vive de toute forme sociale. Ayant rencontré le milieu où ce mouvement perpétuel se neutralise momentanément, il a découvert en même temps un nouvel élément, qui sert de compensation à ce moment, où l'antagonisme social se trouve suspendu. Et l'unité sociale se rétablissant ainsi, l'auteur y a vu une solution du grand problème qui l'occupait.

Ce qui vient d'être dit sur le système de l'auteur, ne saurait d'ailleurs être intelligible que dans le cas, où ce système serait déjà connu, circonstance qui est défavorable aux préfaces des ouvrages philosophiques, comme l'observe Hegel. Aussi est-il préférable de ne donner un aperçu général d'un système fondé en philosophie qu'à la fin de l'ouvrage, comme celui-ci en contient un sous le titre de *Considérations générales*, puisque ce n'est qu'alors qu'un tel résumé peut être compris.

Quel que soit d'ailleurs le jugement que le monde savant porte sur la valeur de ce travail, l'auteur, en tout cas, se flatte de l'espoir, qu'on rendra justice à l'impartialité qu'il s'est efforcé d'apporter à l'examen de la question, et qu'on reconnaîtra qu'il n'a eu d'autre but en vue, qu'un but purement scientifique.

Stockholm. Avril, 1841.

Remarque. Des circonstances particulières ont été cause du retard que l'impression de cet ouvrage a éprouvé.

LA
PHILOSOPHIE DU DROIT.

CHAPITRE PREMIER.
LE DROIT.

§ I. — De l'idée du droit.

De tous les êtres qui existent sur la terre, l'homme seul est doué d'une volonté intelligente (1). Mais ce principe intellectuel anime un corps, dont la nature matérielle est subordonnée à toutes les conditions de l'existence organisée. Comme tel, le corps humain a des besoins, dont les exigences impé-

---

(1) Les plus profonds métaphysiciens admettent que la volonté est intelligente ; qu'elle n'est qu'une modalité de l'intelligence. *Kant* pense que la volonté n'est autre chose que la raison pratique. *J. G. Fichte* partage la même conviction, et il l'exprime ainsi : « Das Wollen ist der eigentliche wesentliche Charakter der Vernunft , das praktische Vermögen , ist die innigste Wurzel des Ich. » *Schelling* s'énonce dans le même sens : « Jene Handlung selbst aber wodurch der Geist vom Object sich losreisst , lässt sich nicht weiter erkláren als aus einer Selbstbestimmung des Geistes. Jene Selbstbestimmung des Geistes heisst Wollen. » *Hegel* dit que la volonté de l'homme n'est que l'expression finie de son intellect infini ; mais il distingue encore une volonté intérieure, qu'il nomme naturelle ; de même que Schelling admet une volonté absolue et une volonté empirique.

rieuses absorbent, en premier lieu, les facultés de son intelligence. Occupé de satisfaire ces besoins, l'homme use des productions de la nature qu'il rencontre à sa portée, et bientôt il ne les apprécie même plus qu'en raison de l'utilité ou de l'agrément qu'il peut en retirer. Il les modifie selon sa convenance, les adapte de plus en plus à son usage, et s'accoutume enfin à se considérer comme le maître de la terre, qui subit les influences de sa volonté souveraine et prend autour de lui une nouvelle apparence.

Ainsi, pour assurer l'existence du corps, la volonté intelligente de l'homme s'étend sur les objets en dehors de lui. Elle agit sur leur nature, modifie ou détruit leur première forme par le travail, et leur imprime de la sorte une nouvelle destination (1).

En les pénétrant de son activité, elle y reste fixée, et le signe visible de sa présence, le lien par lequel la volonté de l'homme s'attache l'objet, a été nommé droit (2).

---

(1) « Die Person hat das Recht in jede Sache ihren Willen zu legen, welche dadurch die Meinige ist, zu ihrem substantiellen Zwecke, da sie einen solchen nicht in sich-selbst hat, ihrer Bestimmung und seele meinen Willen erhält, — absolutes Zueignungsrecht des Menschen auf alle Sachen. » (Naturrecht und Staatswissenschaft v. *Hegel*, S. 50.)

(2) L'idée du droit se retrouve plus ou moins exactement reproduite dans tout ouvrage qui traite de la philosophie du droit. Mais,

§ II. — Des distinctions établies à l'égard du droit.

Les objets qui se trouvent de la sorte attachés à l'homme se nomment *sa propriété réelle;* terme qui se rapporte à l'objet, et indique d'une manière expressive qu'il est devenu la dépendance propre ou particulière de l'homme. Le terme de *droit* se rapporte, au contraire, à l'homme, et exprime la supériorité qu'il exerce sur la matière (1).

Cette matière peut être de nature animée ou inanimée, organisée ou inorganique.

Les animaux dont l'homme utilise les facultés,

---

exprimée, pour ainsi dire, à l'insu de l'auteur, qui toujours en cherche l'explication ailleurs, il ne pouvait en résulter de développement suivi. C'est ainsi que, dans la note précédente, la citation que nous avons empruntée à Hegel contient l'idée du droit, mais comme proposition détachée qui reste sans résultat. Kant se trouve dans le même cas en donnant la définition suivante : « Das rechtlich-Meine ist dasjenige womit ich so verbunden bin, dass der Gebrauch den ein Anderer ohne meine Einwilligung von ihm machen mochte, mich ladiren wurde. » (Metaphysische Anfangsgrunde der Rechtslehre von *Im. Kant.* S. 55.) Définition où il ne s'agirait que de remplacer le mot vague de *Rechtlich-Meine* par celui de *Recht*, pour que l'idée du droit se trouvât exactement rendue. Mais Kant attachait lui-même si peu d'importance à la proposition que nous venons de citer, qu'il convient expressément n'avoir qu'une idée obscure et confuse sur le droit. — Voyez sa Critique de la raison pure , pages 417 et 756, où il dit: *Verworrene Begriffe a priori Recht, Billigkeit*, etc.

(1) L'étymologie même du terme par lequel on désigne le droit, indique, dans toutes les langues, la supériorité de l'homme sur la matière, et l'état de dépendance qui en résulte pour celle-ci. » Le terme de *droit*, dans sa première origine, vient du verbe *diriger.* » (Principes du droit naturel, par *Burlamaqui,* p. 2.) *Jus* vient de *jubeo*, et *pravo* de *pravit*, mot qui, dans les langues slavonnes, signifie aussi diriger.

ou qui peuvent lui servir de nourriture sont soumis à l'influence de sa volonté, et, changeant de nature, subissent une domesticité, qui devient le lien par lequel ils sont retenus auprès de leur maître. Les animaux libres ou domestiques que l'homme tue, éprouvent plus complétement l'effet de sa volonté et leur corps ne lui oppose plus aucune résistance.

Les terres que l'homme cultive, les productions de la nature, qu'il accommode à ses besoins, restent empreintes de son travail et témoignent de l'occupation qu'elles ont subie.

Mais l'homme peut aussi prendre possession des objets, dans la prévision qu'il en aura besoin par la suite, sans en modifier immédiatement la forme ou la matière première. Dans ce cas, il lui importe seulement de déterminer les limites de cette prise de possession, pour qu'il y ait droit déterminé ou positif. Car le droit étant une conséquence de la supériorité du principe intellectuel sur la matière, et de la manifestation de cette supériorité par l'action, ce n'est que par la réunion de l'un et de l'autre de ces motifs, que le droit se constitue. Dans une prise de possession illimitée, au contraire, où l'action n'accompagne pas l'intention du principe intellectuel, celui-ci ne se réalise pas comme droit déterminé, et reste dans le vague. Cependant dans un état social plus avancé, un signe de convention peut indiquer simultanément la prise de possession et les limites de la prise de possession, si ces limites sont naturelles, comme par exemple celles d'une île. Autrement, il resterait encore à déterminer l'étendue de l'occupation.

A mesure que l'existence du corps est assurée, l'esprit se livre de plus en plus au mouvement qui constitue sa vie intellectuelle. Il s'incorpore à la matière, à la pierre, au métal, à la toile, à des signes de convention, tels que les caractères de l'alphabet; et les créations de la science et de l'art s'accomplissent. Plus la transformation de la matière première est complète, plus l'action de la volonté humaine devient apparente.

Cette apparence plus ou moins grande de la volonté intelligente, dans le droit, a donné lieu à une distinction entre les différens degrés qui existent dans l'action de la volonté sur la matière ; distinction inadmissible, parcequ'elle détruit le droit lui-même. — On ne peut pas distinguer la matière première, faisant l'objet du droit, de l'action de la volonté par laquelle ce droit s'établit. Car il ne saurait exister de droit sans matière première; et par contre, la matière première aussitôt qu'elle a été soumise à l'action de la volonté, subit le lien du droit. Dès-lors elle se trouve attachée à l'individu,

quelle que soit la manière dont la supériorité de
son esprit sur la matière se soit manifestée. Les
manifestations sont de nature différente : les unes
transforment la matière dans un but idéal ou du
moins plus raffiné ; d'autres n'ont pour but que les
besoins du corps, soit présens, soit futurs ; et celles-
ci, quoique les plus simples, sont néanmoins les
plus nécessaires à l'existence de l'homme. Ainsi
chacune de ces manifestations a sa propre valeur,
dans sa sphère particulière, et ne saurait être dé-
tournée dans l'intérêt d'une autre, sans que l'essence spirituelle de l'homme, qui est la source
commune de toutes ces manifestations différentes,
s'en ressente. — C'est donc pousser trop loin la
vénération pour les créations du génie de l'homme,
que de leur assurer une prépondérance complète
sur une autre de ses créations, le droit de genre inférieur ; et c'est ce qui arrive lorsque la loi concède
à l'artiste ou à l'ouvrier la faculté d'user de la matière première appartenant à autrui. Car la clause
d'en restituer la valeur, comme équivalent, ne saurait entrer en considération, lorsqu'il s'agit d'apprécier la force du droit en lui-même, sans égard
pour la différence de genre qu'on pourrait y remarquer.

Après l'énumération ci-dessus des objets auxquels les effets du droit s'étendent, il est à obser-

ver que l'homme peut encore acquérir un droit à la personne d'un autre homme. Mais nous n'avons pas à nous occuper ici de cette nouvelle forme du droit, qu'on nomme droit personnel, et nous nous réservons d'en donner l'explication au chapitre v.

Cependant le terme de *droit personnel* présente encore un autre sens, et signifie, par opposition à la propriété réelle, celle de son propre corps, régi et possédé par la volonté individuelle.

Pris dans cette dernière signification, à laquelle nous nous en tiendrons exclusivement jusque-là, le droit personnel ne se distingue pas essentiellement du droit réel. — On y retrouve le même principe spirituel que dans le droit réel, — la volonté de l'homme, — seulement on le voit tourner son activité vers son propre corps, auquel il fait acquérir différens moyens et facultés. — On y retrouve aussi la matière du droit réel, qui consiste dans le propre corps de l'individu, développé et perfectionné, ainsi que nous venons de le dire.

Cependant on sépare généralement ces deux genres de droit, en établissant comme signe distinctif entre la propriété personnelle et la propriété réelle, la douleur qu'on éprouve lorsqu'une atteinte est portée à sa personne, et qu'on prétend ne pas sentir lorsque violence est faite seulement à sa propriété réelle. La personne, cependant, à laquelle on ôterait ses vêtemens par le froid, qu'on obligerait de quitter sa maison, ou d'abandonner les alimens nécessaires à sa subsistance, ressentirait certainement une douleur physique, assez forte même pour en mourir. D'un autre côté, des parties du corps humain deviennent entièrement insensibles dans certaines maladies, ou peuvent en être retranchées, comme par exemple les cheveux, sans la moindre sensation douloureuse. La douleur ne saurait donc être admise comme caractère distinctif de la propriété personnelle. — La définition de celle-ci, comme faisant partie du corps, et de la propriété réelle, comme objet extérieur, n'est pas exacte non plus. Car l'homme n'existe que par la transformation progressive d'objets extérieurs en sa propre substance; et d'un autre côté, des parties de son corps en étant séparées, deviennent, à leur tour, des objets extérieurs pour lui.

Il faut conclure de cette impossibilité de trouver des limites précises entre ces deux propriétés, qu'il n'en existe pas et qu'elles ne peuvent être distinguées que dans le moment où chacune d'elles est considérée séparément, distinction qui s'efface dans le mouvement de leur relation réciproque comme unité de droit. — C'est ainsi que la propriété réelle ne doit être considérée que comme une extension de la propriété personnelle, ou de la personnalité de l'individu. Et on retrouve des traces de cette manière de voir dans la plupart des législations positives (1).

Cependant les droits réels ne forment pas nécessairement une seule masse matériellement compacte et réunie à l'individu auquel ils appartiennent. L'individu peut s'éloigner de l'objet qui lui appartient, de manière à ne plus se trouver en contact avec lui, ou bien il peut acquérir des droits à distance de l'objet. Dans ces cas, le lien spirituel de la volonté continue à maintenir seul la relation de l'individu avec l'objet, puisque le rapport matériel ne peut exister entre eux qu'aussi long-temps qu'ils se trouvent en contact direct.

L'existence de l'homme se manifeste par le mouvement. Il fait usage des facultés que la nature lui a accordées, et de celles qu'il acquiert par l'extension de sa personnalité au moyen des droits. Il

---

(1) « Der Germane mit seinem Eigenthum scheint ganz als zu Einem verwachsen betrachtet worden zu seyn, so dass eine Verletzung die seinem Pferde angethan ward, ihm nach dem bestimmten Ansatz so gut gebüsst werden musste, als eine Verletzung seines Auges oder seiner Nase nach dem respectiven Ansatz. » (Geschichte der italienischen Staaten, v. *Leo.* T. 1, S. 115.) — « La propriété des objets extérieurs ou la propriété réelle n'est qu'une suite et comme une extension de la propriété personnelle. L'air que nous respirons, l'eau que nous buvons, le fruit que nous mangeons, se transforment en notre propre substance, par l'effet d'un travail involontaire ou volontaire de notre corps. » : (Préliminaire de la Constitution de 1789, par l'abbé *Sieyès.*)

exerce ceux-ci en leur imprimant le mouvement,
et le droit, qui est lui-même le résultat d'une action, d'une manifestation de la volonté, devient,
de la sorte, à son tour, base de l'action.

Le droit se présente ainsi, un moment comme
mobile, un autre moment en état d'immobilité;
et ces deux modalités, prises séparément, ont
donné lieu à une division du droit en mobile et en
immobile, ou comme on le dit proprement, en
biens meubles et en immeubles. — Quelque arbitraire que paraisse, à la première vue, l'application
de cette distinction, puisqu'en certains cas les
animaux sont qualifiés d'immeubles, et les édifices ou biens-fonds, de meubles, elle n'en est pas
moins philosophique, à cause même du mouvement qu'elle implique. Car en présentant les mêmes droits tour-à-tour en état de fixité ou de
mouvement, elle trouve son fondement dans la nature même du droit.

§ III. — Du droit de première occupation.

Le corps humain prend de la croissance, et les
organes qui lui servent de moyens, l'ouïe, la vue,
le toucher, se perfectionnent. Le droit réel est également susceptible de développement par accession
naturelle ou artificielle, et s'étend dans une vaste
sphère, où l'homme rencontre enfin l'activité de

son semblable. Ayant fixé sa volonté sur les objets
à sa portée, il en trouve d'autres dont une volonté
semblable à la sienne s'est déjà emparée, et qui
sont destinés à l'usage d'un autre individu humain. En apercevant le signe de cette volonté étrangère, l'homme voit que l'objet est attaché à la personne de son semblable. S'il s'abstient d'user de
force pour rompre ce lien, s'il le respecte, il reconnaît le droit d'autrui, comme conséquence de
la priorité d'occupation ; et c'est ainsi que se constitue le droit de premier occupant, source d'où
découlent tous les autres droits positifs.

L'explication de l'idée du droit, que nous avons
donnée dans ce chapitre, offrirait ainsi la solution
très-simple d'un problème que bien des publicistes ont cru ne pas pouvoir être résolu. La cause de
l'obscurité dans laquelle cette question si importante est restée jusqu'à présent, provient de ce
qu'on a considéré le droit comme une faculté spéciale et isolée de l'esprit humain, faculté dont on
a cherché la source dans une vague abstraction,
qu'on ne parvenait pas à définir. — Sans doute le
droit peut être considéré comme une émanation
de l'esprit humain, puisqu'il n'est autre chose que
la manifestation de sa volonté intelligente à l'é-
gard de la matière. Mais cette manifestation reste-

rait stérile, considérée comme faculté de l'esprit ,
séparée de la matière , car ce n'est que matériellement que le droit peut exister.

L'union dans laquelle le principe spirituel et le
principe matériel se trouvent dans le droit personnel , est facile à apercevoir, puisque le principe
matériel de ce droit est représenté par le corps de
l'homme, et que son principe spirituel est en même
temps le principe vivifiant de ce corps. De cette
manière il est évident que les deux côtés du droit
personnel ne sauraient être séparés , sans que la
destruction de la totalité s'ensuive.

De même , dans le droit réel , le principe spirituel et le principe matériel se trouvent aussi en état
de fusion. Le principe spirituel y est représenté
par la nouvelle destination que la matière première ou l'objet a reçue comme émanation de la
volonté de l'homme. La nouvelle forme ou apparence que la matière première ou l'objet a reçue,
ou tout autre signe qui lui a été imposé par suite
de cette action de la volonté , représente le principe
matériel du droit. La modification extérieure de
l'objet étant ainsi une conséquence de la nouvelle
destination qui lui a été donnée, et le principe spirituel n'étant perceptible que par son côté matériel,
il en résulte que ces deux principes se lient aussi
dans le droit réel comme cause et effet, et ne se

présentent que comme les deux côtés de la même unité.

Dans un état social plus avancé, le droit lui-même est représenté par des signes, des écritures, des documens, etc. Ces signes ne changent rien à la nature du droit, et servent seulement à en mieux constater l'existence, et à en faciliter la circulation.

CHAPITRE II.

LE DROIT RÉEL ET SES MODIFICATIONS.

—

§ I. — De la propriété commune et du partage naturel.

Nous avons vu au chapitre précédent que la supériorité intellectuelle de l'homme, et les besoins de son existence terrestre sont la double source du droit. — Mais tous les hommes ayant ces mêmes besoins, et le principe de leur intelligence étant identique, ils peuvent s'entendre pour utiliser en commun un objet quelconque. Dans ce cas, rien ne serait changé à la nature du droit, seulement il se serait généralisé. Plusieurs volontés, au lieu d'une, occuperaient conjointement la même matière, et se trouveraient ainsi réunies extérieurement par un lien matériel; s'il y avait accord entre ces volontés individuelles sur la manière d'utiliser l'objet occupé, elles seraient, à cet égard, unies dans leur essence même.

Mais si l'accord entre ces individus venait à cesser, les contestations qui en seraient la suite leur rendraient bien dur le lien matériel qui les tient réunis; et ce lien est rompu, dès que chaque volonté individuelle se retire et se limite à une partie de l'objet possédé d'abord en commun.

Le partage ou la réduction du droit général au droit particulier, ne peut se faire que par le moyen de l'un ou de l'autre des deux côtés du droit. Le principe spirituel du droit ne saurait servir de base à cette répartition, puisqu'à cause de son essence spirituelle, il n'est pas perceptible, et ne saurait ainsi donner la mesure à une opération simplement matérielle. — Resterait ainsi l'autre côté du droit, son côté matériel, que constitue la transformation de l'objet ou le travail. Celui-ci pouvant être apprécié, offrira une base au partage. Et comme les forces physiques des hommes sont approximativement égales, le partage se fera ainsi par parties égales, à moins qu'il n'y ait eu inégalité évidente dans le travail, soit par suite de la débilité de l'un des individus ou pour autre cause fortuite. Cette cause expliquera, selon les circonstances, la différence dans les parts; mais la débilité de l'un des individus, rendrait le partage inégal conforme à l'idée du droit, sous un autre rapport encore. Car le droit ayant, d'un côté, son origine dans les besoins matériels de l'homme, le partage devrait être inégal si on avait égard à ces besoins, puisqu'ils existent à un moindre degré dans l'individu jeune ou faible.

§ II. — Du dépôt.

Si pour motif de conservation, le propriétaire d'un objet en confiait la garde à un autre individu, à titre de dépôt, rien ne serait changé à la nature du droit. Car la possession extérieure de l'objet par un autre équivaut seulement à une simple séparation matérielle entre le propriétaire et l'objet et ne saurait établir de droit en faveur du possesseur, aussi long-temps que sa volonté ne peut pénétrer d'une manière intime l'objet, qui reste occupé par une autre volonté.

Toutefois il peut arriver que le dommage que craignait le propriétaire atteigne l'objet entre les mains du dépositaire. Mais comme la possibilité de ce mal était présumée plus imminente sans le dépôt, il s'ensuit, que le dommage ne pouvant être attribué à cette circonstance, le dépositaire ne saurait en être rendu responsable, à moins qu'il n'y ait eu abus de confiance de sa part. En sorte que le dommage tombe à la charge du propriétaire, tout comme si l'objet était resté sous sa propre garde.

§ III. — Du prêt gratuit ou commodat.

Le dépôt a lieu par un motif d'intérêt personnel; mais le motif contraire, celui qu'inspire l'intérêt d'un autre, peut porter l'homme à transférer à cet autre individu la possession d'un objet. Dans ce cas, il y a prêt gratuit ou commodat, et le nouveau possesseur utilise l'objet; mais il ne [peut y acquérir de droit, aussi long-temps que le propriétaire continue à l'occuper de sa volonté.

Si l'objet éprouvait quelque dommage, par suite d'accidens indépendans de la volonté de l'emprunteur, celui-ci ne saurait en être rendu responsable, si ces mêmes accidens avaient pu arriver, dans le cas où l'objet serait resté en possession du propriétaire. Mais si le dommage devait être considéré comme une conséquence du prêt, la responsabilité en retomberait sur l'emprunteur, par la raison que le prêteur avait eu l'intention de ne concéder que l'usage de la chose et non sa propriété. Cependant le dommage lui aurait fait perdre cette propriété, en tout ou en partie, contrairement à sa volonté, qui se trouverait ainsi violentée. Nous montrerons plus tard, au chapitre IV, que la violence motive des représailles, mais que dans un cas pareil à celui que nous venons de citer, elles ne peuvent être exercées qu'à l'égard de la propriété de l'emprunteur, qui alors sera obligé de compenser la perte causée au prêteur, par sa faute ou sa négligence.

Au genre du commodat appartient également l'assistance active qu'un individu rend gratuitement à un autre. Le droit généralement, et plus particulièrement le droit personnel, se présente, comme nous l'avons dit précédemment, en état de mouvement, aussi bien qu'en état de repos. L'assistance active n'est ainsi autre chose que le droit personnel, en état de mouvement, employé au service d'autrui; c'est un prêt consistant en action.

§ IV. — De la donation et du testament.

La volonté de l'homme est libre de son essence, comme principe spirituel; et, de même qu'elle s'est fixée sur l'objet, elle peut aussi s'en retirer. Si elle se retire simplement de l'objet, celui-ci se trouvera abandonné, et sera à la disposition du premier qui voudra s'en emparer. Mais si l'homme ne renonce à l'objet que dans l'intérêt d'un ou de plusieurs individus, qu'il désigne nominativement, cet acte se nomme une donation.

Comme il est dans la nature de l'homme d'atta-

cher du prix aux droits qui lui servent de moyens
pour étendre le cercle de ses facultés et de son activité, la renonciation simple n'a lieu que par suite
de circonstances particulières. Aussi la donation
doit-elle être considérée comme un effort, auquel
l'homme se détermine uniquement dans un but
de bienfaisance. Mais si l'individu, en faveur duquel est fait cet acte de bienfaisance, vient à ne
point l'accueillir, la donation alors n'est point accomplie. Et comme la volonté du propriétaire reste dans
l'objet, jusqu'au moment où celle du donataire doit
l'y remplacer, si ce remplacement n'avait pas lieu,
l'ancien maître continue alors d'en rester propriétaire comme par le passé.

Ainsi il y a renonciation simple ou abandon de
l'objet, et renonciation sous condition d'acceptation
ou donation. Le premier acte s'accomplit par la renonciation seule, le second par la renonciation et
l'acceptation. Cependant cette renonciation n'a de
valeur que si elle reste invariable, jusqu'au moment où le donataire prend possession de l'objet,
puisque la donation ne saurait s'accomplir, malgré l'acceptation, si le donateur changeait d'intention avant l'occupation de l'objet par le donataire. Car ce n'est qu'au moment où l'ancien
propriétaire retire effectivement sa volonté de l'objet, que le donataire peut l'occuper à son tour.

La donation ayant été accomplie, devient irré-
vocable, toute espèce de rapport se trouvant rompu,
entre l'ancien propriétaire et l'objet qui lui avait
appartenu, et dès-lors celui-ci reste aussi fortement
attaché au nouveau propriétaire qu'il l'avait été
à l'ancien. Ainsi la loi , qui autorise la révocation
de la donation, pour cause d'ingratitude, ne saurait être considérée que comme une disposition pénale portée contre l'ingratitude, mais non comme
un corollaire résultant de la nature même de la donation. Car dès qu'une fois les liens entre l'ancien maître et l'objet ont été entièrement rompus ,
c'est comme s'il n'en avait jamais existé entre eux.
— Quant à la loi qui permet la rétractation d'une
donation, à cause de survenance d'enfans , on ne
peut lui assigner non plus de motif fondé dans la
philosophie du droit, quoique du reste elle puisse
être expliquée par l'imprévoyance des hommes, ou
par d'autres considérations *subjectives*.

Comme on vient de le voir, la donation ne dépend
pas seulement de l'acceptation du donataire, mais
encore de l'invariabilité de l'intention du donateur,
jusqu'au moment où elle s'accomplit définitivement.

Cependant le temps qui s'écoule entre la première manifestation de l'intention du donateur et
son accomplissement, peut recevoir de l'étendue.
— C'est-à-dire que la donation, au lieu de se faire

immédiatement, peut être ajournée à une époque dont le terme sera fixé à volonté, ou dépendra d'un événement futur.

Si cet événement est celui de la mort du donateur, la donation change de nom et reçoit celui de legs ou de testament.

Dans tous ces cas, la donation ne se modifie pas essentiellement et dépend toujours de la durée des mêmes intentions ou dispositions de la part du donateur. Seulement, comme elles peuvent changer plus aisément, à mesure que le terme final se trouve prolongé, il s'ensuit que la donation future est plus susceptible de révocation, que celle qui s'accomplit presque instantanément.

Cependant, quand même des engagemens de ce genre, c'est-à-dire des engagemens révocables, ne seraient pas obligatoires en droit, différentes circonstances peuvent les rendre moralement obligatoires, en raison surtout de l'importance que le donateur attache à sa propre dignité, qui serait compromise par des promesses illusoires ou fallacieuses.

A la mort du testateur, le principe vital qui l'a abandonné, quitte en même temps les objets dont il était propriétaire ; ces objets restés sans maître pourraient être occupés par le premier qui les saisirait ; mais ils appartiendront à l'individu qui, prévenu d'avance, se trouvera le plus proche pour les recevoir à la mort du propriétaire.

Dans l'état primitif de la société, cette transition des objets s'opère immédiatement; les liens de famille tenant les hommes plus réunis, les proches et les parens se trouvent à même de recueillir les premiers l'héritage d'un des leurs. Et le culte des morts constituant un des dogmes de toutes les religions primitives, les dernières dispositions du défunt en sont d'autant plus respectées.

Dans un état social plus avancé, les lois maintiennent la vacance des objets, depuis le moment où ils se trouvent abandonnés par la mort de leur ancien propriétaire, jusqu'à celui où l'héritier les occupe; en sorte qu'ils ne peuvent être saisis pendant cet intervalle par un tiers.

§ V. — Du fidéicommis.

Si la succession n'est transmise qu'à certaines conditions, l'héritier est tenu de les observer, par la raison que ces conditions constituent le titre de son droit. Le testateur ayant annexé une condition au transport de sa propriété, cette condition se trouve être absolue, puisqu'elle est l'expression d'une dernière volonté, sur laquelle il est impossible de revenir. L'héritier qui ne s'y conformerait pas, se trouverait en possession du bien d'autrui,

par la raison que le testateur, ayant attaché une
condition absolue à la transmission de l'héritage,
cet héritage ne peut appartenir à celui qui viole
une pareille condition, et revient par conséquent à
un autre. Et cet autre, fût-il connu ou seulement
un individu présumé, se trouverait ainsi évincé de
l'héritage par la mauvaise foi du légataire. De plus,
si l'héritage devait être transmis plus loin par substitution, il y aurait lésion directe du droit que le
substitué tient de la dernière volonté du testateur,
au cas qu'il y fût dérogé.

§ **VI**. — **Des contrats.**

Mais si la condition n'entre qu'accidentellement
dans la composition de la donation, elle forme par
contre la base invariable de certaines autres transactions, qui se nomment contrats ou conventions.
Le besoin qu'ont les hommes d'une assistance mu-
tuelle donne lieu à ces transactions; assistance qui
consiste dans un échange de droits, soit en état
d'activité ou de repos.

Tout ce qui constitue le droit réel et le droit personnel, pouvant former la substance du contrat,
il peut y avoir échange réciproque de l'usage et de
la propriété des objets; ou bien il y aura, d'un
côté, cession d'usage et de propriété, contre une

activité personnelle, active ou passive (1). Ou bien enfin, les deux côtés feront un échange d'activité réciproque, soit active, soit passive.

Les différentes combinaisons de tous ces mobiles produisent une variété de transactions, qui toutes appartiennent au genre du contrat, lorsque l'avantage réciproque des deux parties y donne lieu. Tout contrat est donc essentiellement bilatéral, en sorte qu'un acte unilatéral ne saurait appartenir au genre des contrats, mais constitue une donation plus ou moins complète. Cependant le contrat, quoique bilatéral dans l'origine, peut devenir unilatéral par la suite, si l'une des parties perdait son droit par un motif quelconque, et que l'autre conservât le sien.

Comme les hommes ne peuvent se prêter réciproquement assistance que par une action quelconque, et que non-seulement l'activité proprement dite, mais encore le transport de l'usage et de la propriété de l'objet constituent également une action, il s'ensuit que tout contrat se rapporte nécessairement à l'action.

Mais l'action doit être possible, puisque le contrat, de même que toute autre modalité du droit,

____

(1) Par activité négative il faut entendre, en droit, la restriction plus ou moins étendue que l'une des parties s'engage à apporter à l'exercice de son propre droit, dont la coïncidence ou la concurrence diminuerait les avantages du droit d'autrui.

est une manifestation de la volonté intelligente de l'homme ; en sorte que si cette volonté se montrait dépourvue d'intelligence, en se proposant une chose impossible, la transaction elle-même deviendrait étrangère au droit, et se trouverait ainsi invalidée.

Le contrat serait également invalidé, si une des actions stipulées était contraire à la législation, puisque celle-ci s'opposerait, dans ce cas, à son exécution.

La condition forme, comme nous l'avons dit, la base du contrat; et il y a obligation de l'observer, puisqu'autrement l'une des parties, qui aurait concédé l'usage ou la propriété de son droit, qui l'aurait exercé ou se serait abstenue de cet exercice, dans l'intérêt de l'autre partie, se trouverait frustrée des avantages auxquels elle s'attendait, en réciprocité de ces différentes actions. Une des parties aurait ainsi souffert préjudice, sinon de vive force, du moins par déception ou manque de foi ; mais l'effet en serait toujours le même, c'est-à-dire qu'il y aurait violence faite au droit d'autrui.

§ VII. — Des servitudes.

Cependant violence peut être faite à son prochain, non-seulement par un empiètement direct sur son droit, mais encore par le simple exercice de son propre droit.

En effet, la liberté du droit ne saurait s'étendre jusqu'à permettre qu'un individu qui aurait élevé un édifice, puisse également le détruire, si, en opérant cette destruction à l'aide de moyens violens, il devait en résulter du danger pour les édifices attenans et pour la vie des voisins.

Si les eaux coulant à travers une propriété étaient détournées de leur cours naturel ou arrêtées, la propriété voisine, supérieure, pourrait en être submergée, et la propriété inférieure rendue stérile, faute d'irrigation.

Le défrichement des terres s'opère, dans quelques contrées, à l'aide du feu ; cependant le feu, mis aux herbes ou aux bois d'une propriété, pourrait gagner les propriétés voisines.

Les voies publiques sont nécessaires aux hommes, comme moyen de communication. Les routes et autres voies sont un produit de l'activité humaine ; et à ce titre, elles sont susceptibles de devenir la propriété d'un ou de plusieurs individus, aussi bien que tout autre objet. — Et quoique le propriétaire alors ne fît qu'user de la liberté de son droit, en fermant au passage la route qui lui appartiendrait, néanmoins, en exerçant ainsi son droit, il porterait atteinte à la liberté des autres. Il se pourrait même, qu'un lieu ou établissement quelconque n'eût d'issue que par une route constituant la propriété d'un autre, en sorte que ce passage ayant été barré, l'habitant de l'endroit supposé se trouverait complétement prisonnier.

L'exercice de certaines industries ou occupations peut aussi être préjudiciable aux autres, par le bruit intolérable qui l'accompagne, ou pour cause d'exhalaisons dangereuses et autres circonstances.

Dans tous les cas que nous venons d'énumérer, il y aurait danger ou inconvénient pour les personnes et les biens à portée, résultant du simple exercice illimité de son propre droit. — Il s'ensuit que cet exercice ne saurait rester illimité, si on veut bannir toute violence de la société humaine. — Aussi toutes les législations se sont-elles plus ou moins arrêtées à ces considérations, et la limitation qui en résulte pour le droit, se nomme, dans quelques-uns des cas que nous avons cités, servitude; mais cette dénomination pourrait être indifféremment étendue à tous les autres cas également, à cause de l'idée qu'elle implique, qu'il y a limitation onéreuse du droit.

Cette charge serait, du reste, augmentée, si on se départait du principe que le mal seul qui pourrait résulter pour les autres de l'exercice d'un droit, en justifie la restriction, et si on croyait cette restriction suffisamment motivée par l'avantage qu'en retireraient les autres. Tel serait le cas, si, par exemple, au lieu de se borner à exiger le maintien des routes déjà établies, et dont la servitude fut acceptée par le propriétaire, lorsqu'il acquit le terrain sur lequel elles passent, on l'obligeait encore à ouvrir un passage à toute espèce de voies, à cause de la convenance d'autrui. Il y a plus d'exagération encore dans les dispositions légales qui imposent cette servitude de passage à un tiers, dont les voisins auraient fait un nouveau partage de biens, en sorte que l'un d'eux n'aurait d'autre issue que par la propriété de ce tiers. Ce manque de communication, devant être prévu avant le partage, doit aussi donner lieu à un arrangement à l'amiable. Il n'y a donc aucune raison d'en faire dériver une servitude pour un individu entièrement étranger au partage.

§ **VIII**. — **De l'extinction du principe spirituel dans le droit.**

Nous avons déjà dit que l'homme est libre de retirer sa volonté de l'objet qu'il a occupé.

Mais le principe spirituel n'étant pas perceptible de lui-même, il s'ensuit que l'acte de la volonté humaine par lequel elle se serait retirée de l'objet, ne saurait être reconnu par les autres, si cet acte n'est pas rendu intelligible, ou si, du côté matériel du droit, aucune altération ne l'indique. Cette altération, du reste, ne saurait être la conséquence immédiate de la retraite du principe spirituel, puisque toute matière que son principe spirituel a quittée continue à subsister intacte pendant quelque temps encore, ne fût-ce même que comme masse inerte.

Le droit, ayant perdu son principe vital, cesse d'exister, il est vrai, puisque l'un de ses éléments constitutifs vient à manquer ; mais, aussi long-temps que rien n'est changé à son extérieur et que rien n'indique l'altération qu'il a subie, l'extinction ne peut en être reconnue. Au contraire, il y a présomption en faveur de sa durée, aussi long-temps qu'on aperçoit les traces de l'activité humaine sur l'objet ; puisqu'il n'est pas de la nature intelligente de l'homme d'exercer gratuitement son activité, comme ce serait le cas, s'il en abandonnait le résultat.

Mais, à mesure que ces traces s'effacent, à mesure que le côté matériel du droit vient à périr également, l'extinction du droit devient évidente, puisque, dans ce cas, les deux élémens dont il se constitue ont cessé d'exister tous deux.

En jurisprudence on a donné le nom de prescription à cette cessation du droit. La prescription n'est pas, par conséquent, une mesure de législation arbitraire, calculée uniquement pour éviter des difficultés de contestation judiciaire, comme on la considère communément, mais elle est fondée sur la nature intime du droit. Elle est destinée à constater le moment où l'extinction d'un droit s'accomplit par la destruction de son élément matériel, précédemment abandonné de son principe vital.

Mais si un autre prend soin de l'objet abandonné et en empêche la détérioration, cet objet lui appartiendra en propre, à l'expiration du terme où, faute de ces soins, il aurait été complétement détruit. Car, si l'objet retombait dans son état naturel, chacun serait libre d'y acquérir le droit de première occupation, et le nouveau possesseur y ayant déjà fixé sa volonté, dans la supposition qu'il était abandonné, se trouve l'occuper le premier à cette époque.

Il est à observer cependant, que dans les législations, et surtout dans les législations modernes, la durée de la prescription a été trop considérablement limitée, puisqu'elle devrait être proportionnée au temps où les traces du travail de l'homme s'effacent assez des objets, pour qu'ils reviennent à l'état naturel où ils se trouvaient avant d'avoir subi son occupation.

Par cette même raison la prescription est nécessairement de durée inégale, puisque des propriétés

foncières, par exemple, ne retombent dans leur
état inculte ou originel, qu'après un laps de temps
plus considérable que celui où les animaux domestiques redeviennent sauvages, et où les objets
d'un travail léger se détériorent complétement.

Aussi long-temps que le fait de la conservation
ou de l'abandon du droit de l'ancien propriétaire
ne peut être constaté ou connu, il ne saurait être
considéré comme éteint, mais seulement comme
douteux. — La prescription se trouverait interrompue ainsi par toute manifestation positive et
certaine de l'individu à l'égard de son droit. Et il
faut reconnaître que les dispositions légales sont
généralement trop restrictives, sous ce rapport, et
imposent des formalités à remplir, dont l'omission
compromet l'existence du droit.

§ IX. — De la destruction du principe matériel dans le droit.

Nous venons de voir, que si le principe spirituel du droit s'éteint, il en résulte sa destruction
complète. Mais le droit cesserait d'exister également, si son principe matériel venait à se perdre.
Un tel cas se présenterait, si, par exemple, une
propriété ou un établissement quelconque était dé-
vasté par l'eau ou le feu, de manière qu'aucune
trace d'industrie humaine ne pût y être retrouvée.

Si, de plus, le propriétaire ne pouvait prouver l'existence antérieure de son droit par aucun signe visible ou document représentant ce droit, il n'en resterait plus que l'élément spirituel, c'est-à-dire la volonté de l'individu de maintenir sa possession. Mais le principe spirituel n'étant pas perceptible aux autres hommes dans son abstraction, il ne saurait être reconnu par eux.

Le témoignage d'autres hommes et des preuves particulières pourraient bien mettre en évidence le droit de l'ancien propriétaire; mais ces circonstances fortuites sont extérieures, et ne découlent pas du droit lui-même.

De cette manière, le lieu où l'établissement existait se trouvera en état de disponibilité, et sera susceptible d'une nouvelle occupation. Et c'est ainsi que la perte de l'élément matériel du droit en amène aussi bien la destruction complète, que le fait l'extinction de son élément spirituel.

§ X. — De l'erreur, du dol et de la violence.

Toutes les modifications du droit, dont nous avons parlé dans ce chapitre, proviennent des différens motifs qui exercent de l'influence sur la volonté intelligente de l'homme.

Mais si le motif qui l'a fait agir se trouvait erroné, et que l'erreur, loin d'appartenir à un autre ne provînt que d'une méprise de l'individu lui-même, il aurait à en subir seul les conséquences. Car s'il en résultait la perte de son droit, la justice criminelle ne pourrait l'y faire rentrer, puisqu'il n'y aurait personne contre qui l'exercer : or, l'objet, dont il se serait entièrement séparé par erreur, resterait perdu pour lui.

Toutefois les hommes, pour restreindre le nombre des cas où ces méprises pourraient devenir funestes, ne reconnaissent réciproquement, comme valables, que les actions de l'individu dont la raison a acquis un entier développement et se trouve dans son état normal de lucidité.

Si par contre, le motif qui a déterminé l'action de l'homme lui a été suggéré par des représentations mensongères ; s'il a été induit en erreur par la ruse d'un autre, il se trouvera évincé de son droit par une violence morale.

Dès qu'il s'apercevra de cette violence, qu'on nomme dol en jurisprudence, il voudra rentrer en possession de son droit, et rien ne s'oppose à ce qu'il y arrive à l'aide des mêmes moyens de ruse dont on s'est servi pour l'en déposséder. Cependant si ces moyens restaient sans efficacité, il ne pourrait reprendre son droit que par la force physique. Mais comme celle-ci est différente de la ruse, la société s'alarmerait s'il y avait recours, car ignorant encore s'il est fondé à se servir de tels moyens, elle n'y verrait que de la violence.

L'individu frustré de son droit, ne pourra donc le reprendre qu'à l'aide de la justice criminelle, comme nous le verrons au chapitre qui traite de la justice distributive.

Si la violence morale peut être exercée à l'égard de la volonté de l'homme, la force matérielle ne peut être dirigée que contre la partie matérielle du droit. Le principe spirituel, ne pouvant être attaqué matériellement, restera inaltérablement fixé dans l'objet enlevé de vive force. Cette occupation spirituelle est néanmoins de nature à faire rentrer l'individu dans la possession du droit dont il a été dépouillé, par la raison que, quoique l'existence de ce lien spirituel ne soit pas perceptible aux autres hommes, ils la présument néanmoins, aussitôt qu'ils apprennent que l'objet a été enlevé à son propriétaire par la force. Ils n'y voient alors qu'une séparation matérielle entre l'objet et le propriétaire, et ils considèrent qu'il appartient à la justice d'anéantir cette séparation, et de rétablir ainsi l'intégrité du droit.

CHAPITRE III.

LA JUSTICE SUBJECTIVE ET LA JUSTICE OBJECTIVE.

—

§ I. De l'idée de la justice.

Nous trouvons donc un principe qui menace l'existence du droit, c'est celui de la force, et la force mise en usage contre le droit se nomme violence.

Tout être organisé tient à sa conservation par un sentiment instinctif qui le porte à se défendre contre l'atteinte d'une force hostile. Le même sentiment attache l'homme aux objets qui assurent son existence, ou la rendent plus agréable. Sa nature se révolte contre la violence faite à son droit, et il repousse de toute sa puissance la force par la force. La certitude de rencontrer en lui cette résistance, constitue déjà une première garantie du droit.

Toute l'histoire du genre humain n'est que le récit de la lutte que se livrent en grand ces deux principes du droit et de la force, lutte qui se reproduit journellement en petit, et qui prouve combien les passions des hommes leur font méconnaître la voix de leur raison.

La raison en effet reconnaît dans chaque individu humain un être doué du même principe spirituel, de la même volonté intelligente. Mais les manifestations de cette volonté, les actions, sont différentes, et viennent par là à se trouver en opposition. Cependant, si cette différence pouvait être ramenée à la généralité, la collision des actions serait évitée, puisqu'elles se rencontreraient dans une même unité et qu'elles seraient d'accord. Il importerait ainsi de maintenir la généralité du principe spirituel dont les actions proviennent, puisque, dans ce cas, malgré leur différence, elles ne se trouveraient pas en opposition.

La généralité constitue l'essence de la spiritualité, comme la particularité celle de la matière. La généralité du principe spirituel est maintenue, lorsqu'il conserve la même valeur, au milieu de toutes les modifications du principe matériel, auquel il se trouve incorporé. Et il conserve cette même valeur, aussi long-temps qu'il est également respecté et apprécié dans tout individu.

Cette déduction de la raison, qui reconnaît l'existence du même principe intellectuel dans tous les hommes, résumée comme idée, se nomme justice.

L'idée de la justice n'est ainsi autre chose que celle du droit à un second degré de développement.

L'idée du droit s'arrête à la supériorité de l'intelligence humaine sur la matière et sur les autres
créations terrestres. Mais lorsque l'homme reconnaît la même supériorité dans son semblable, il arrive à l'idée de la justice. Dès-lors la vague idée
de supériorité se trouve déterminée, puisqu'en
admettant d'autres supériorités distinctes de la
sienne, celle-ci cesse d'être illimitée.

L'injustice, au contraire, provient d'un principe que l'individu s'attribue exclusivement, sans
admettre que les autres en agissent de même.
De cette manière, ce principe se trouve privé
de sa généralité, puisqu'elle a été restreinte arbitrairement. — La différence de la justice à l'injustice ne résulte donc que de l'application,
générale ou exclusive, du principe qui sert de
mobile aux actions.

L'idée de la justice consistant dans la reconnaissance de la même valeur spirituelle en tout
homme, les manifestations de cette spiritualité,
les actions des hommes, doivent également avoir
la même valeur, conformément à la justice. —
L'action n'est autre chose que le mouvement
imprimé au corps humain par la volonté qui
l'anime. Et le corps humain étant, sous le point
de vue où nous l'avons considéré jusqu'à présent, un droit personnel, auquel les droits réels

donnent une plus grande extension, l'égale valeur des actions signifie l'égale qualification de tout individu d'exercer ses droits.

Il s'ensuit que, lorsqu'une individualité, par l'extension qu'elle prend ou par l'exercice de ses droits personnels ou réels, vient à se trouver en contact avec une autre sphère de droits individuels, la justice l'empêche de franchir cette sphère en usant de force, parce qu'un empiètement sur la personnalité étrangère serait contradictoire avec l'idée de leur égale valeur. Le mouvement qui résulte de l'exercice des facultés humaines est maintenu de la sorte dans certaines limites, et la justice fait respecter ces limites à l'individu, quand même ses passions et ses désirs tenteraient de les dépasser.

C'est ainsi que l'idée de la justice tient constamment en échec les débordemens de la passion et de la force brutale, qui seraient tentées de méconnaître la valeur et la liberté de la personnalité étrangère.

§ II. — Des coutumes et des lois.

Aussi long-temps que la justice n'existe que comme une idée qui arrive à plus ou moins de clarté dans chaque individu, elle reste subjective, et ne peut avoir d'influence que sur les actions

individuelles. Cependant elle acquiert nécessairement aussi une valeur objective dans la société
humaine.

Car, dès que les hommes se trouvent réunis
en société, de manière que leurs droits se touchent sur tous les points, il résulte de l'exercice de ces droits des complications et des collisions qu'augmente encore la tendance innée à la
nature humaine de s'étendre et d'agrandir le cercle
de ses attributions. De tout temps, l'intelligence
humaine s'est appliquée à prévenir ces collisions,
qui menacent toute société de dissolution ou
d'anarchie, en maintenant les actions individuelles dans un certain ordre, qui leur accorde
de la latitude, tout en évitant la confusion. Dans
ce but, les actions sont classifiées sous des ru-
briques coordonnées et subordonnées les unes aux
autres, et toutes les actions comprises dans ces
catégories, réglées d'une manière uniforme.

Ces règles de conduite se rapportent aux manifestations de la volonté, qui est d'essence spirituelle et par conséquent infinie, — manifestations qui doivent participer de la nature spirituelle
de leur source, en se présentant sous une infinité
de formes. — Les législateurs se voyant dans
l'impossibilité de régulariser l'infinité de ces détails, sont forcés de remonter à un principe qui

comprenne le plus grand nombre possible de cas spéciaux. Mais nous avons déjà trouvé plus haut un principe qui comprend la généralité des actions; c'est celui de la justice. Les législateurs sont ainsi ramenés vers l'idée de la justice par la nature même de leur travail dont la défectuosité augmente en raison des restrictions et des limites imposées arbitrairement aux actions.

Les différentes législations tendant naturellement à s'élever de cette manière vers la généralité, en se dégageant de vues et d'intérêts subjectifs, réalisent l'idée de la justice, — telle que chaque peuple la conçoit, aux différentes époques de son histoire.

L'idée de la justice acquiert ainsi une existence tout objective, susceptible de développement progressif ou de décadence que caractérise parfaitement l'ancienne expression *corps de lois*, consacrée par des siècles d'usage.

L'homme a des besoins intellectuels et corporels qui se renouvellent constamment; d'autres, qui ne se manifestent qu'à mesure que son organisme se développe. Le moment où ces besoins se font sentir, ou celui dans lequel il y est satisfait, ayant plus ou moins d'importance à ses yeux, il lui est naturel de vouloir le signaler par un acte solennel, religieux ou symbolique. Telle est l'ori-

gine des cérémonies observées par les hommes,
soit pour les actions de leur vie journalière : par
exemple, le repas, le lever, le coucher, etc. ;
ou pour celles qui reviennent à des époques
fixes de l'année, comme récoltes, semailles, etc. ;
enfin, pour les grands actes de la vie, son commencement, sa plénitude (l'âge de majorité), sa
fin, le mariage, le choix d'un état, etc.

Il est indifférent de quelle manière ces actions
de la vie commune s'accomplissent, lorsqu'elles
restent inoffensives, et à cet égard l'homme n'a
d'autre principe à suivre que sa convenance et
les exigences des circonstances, des localités et du
climat. Mais ayant appris, dès son enfance, à se
mouvoir dans un certain ordre qui lui a servi de
règle de conduite, il le préfère à tout autre, puisque l'observation de cet ordre ne lui coûte plus
aucun effort.

Ces règles de conduite se nomment coutumes,
et l'ensemble des coutumes, comme habitudes suivies, se nomme mœurs.

A mesure que le mouvement de la vie sociale
amène des cas nouveaux ou plus compliqués, de
nouveaux préceptes aussi deviennent nécessaires.
On leur donne le nom de lois, aussi long-temps
que les cas auxquels ils se rapportent se présentent isolément ; mais, si ces cas passent en habi-

tudes, les lois deviennent coutumières. Les lois ne se distinguent donc des coutumes que parce qu'elles se rapportent à des actions qui arrivent moins fréquemment, distinction peu essentielle, puisqu'elle n'a aucune limite déterminée.

C'est ainsi qu'on voit les coutumes se développer à mesure que les mêmes actions deviennent plus fréquentes, et prendre même l'apparence d'une législation complète (1). Lorsque ce cas arrive dans une société où l'art d'écrire est ignoré ou peu répandu, les coutumes sont quelquefois mises en vers, pour être retenues plus facilement (2). Il suit de ce que nous venons de dire que les actions qui n'arrivent pas souvent ou d'une manière uniforme, sont les seules qui ne puissent pas passer en coutumes. Les coutumes ont, par cette raison, plus de stabilité que les lois (3); car les habitudes de la vie journalière, produisant une réaction immanquable sur les penchans et le caractère de l'homme, se lient par là à son existence elle-même.

----

(1) « In England beruht das neuste *Common-law*, im Gegensatze von *Statute-law*, auf Gewohnheit. » (Lehrbuch des Naturrechts v. Prof. *Hugo*, S. 12.)

(2) On sait que plusieurs peuples ont pratiqué cet usage. Marchangy raconte que dans différentes contrées de la France de tels vers étaient publiquement récités par les vieillards, encore au xive siècle.

(3) « Un peuple connaît, aime et défend toujours plus ses mœurs que ses lois. » (De l'Esprit des lois, par *Montesquieu*, t. 1, p. 286.)

La régularité dans les actions journalières faisant place à plus d'abandon, à une liberté plus grande, les mœurs s'effacent, et les lois seules restent comme règles de conduite. La législation s'efforce alors de suppléer à l'absence des mœurs par des dispositions d'autant plus détaillées.

Lorsqu'une loi se trouve exprimée d'une manière imparfaite ou contradictoire, il reste à l'éclaircir. La loi, de même que toute autre incorporation de l'esprit, ayant un côté spirituel et un côté matériel, ce dernier représenté par le langage ou l'écriture, on peut, pour l'interpréter, s'en tenir à l'un ou à l'autre de ces deux côtés; et de tout temps il y a eu différence d'opinion parmi les légistes sur le point de savoir auquel la préférence doit être accordée.

La matière et l'esprit de la loi ont chacun leur valeur relative; car si des paroles ou des lettres n'ont de signification que par le sens qu'elles expriment, celui-ci, d'un autre côté, ne saurait se manifester qu'à l'aide de l'expression. Nous avons déjà montré que la loi, dans son sens le plus élevé, est la réalisation de l'idée de la justice. Mais quand même elle ne l'aurait pas réalisée d'une manière parfaite, elle n'en resterait pas moins obligatoire, et voici pourquoi : c'est que, lors même qu'elle imposerait des restrictions à l'idée de la justice, — et tout écart que la loi fait de cette idée est une restriction de sa généralité, — la loi, comme règle de conduite positive et objective, contient toujours plus de garanties de généralité que la justice subjective seule, qui n'est qu'une manière de voir entièrement individuelle. — La loi positive étant la réalisation plus ou moins parfaite de l'idée de la justice, ne représente elle-même que le côté matériel de cette idée ; et cependant la préférence lui est accordée sur celle-ci, aussitôt qu'on la reconnaît comme obligatoire, dans le cas même où elle s'en est éloignée.

Ainsi l'esprit et la matière se trouvant en désaccord, la préférence est accordée, dans ce cas-ci, à la matière, représentée par la loi.

Par analogie de motifs, il faudrait reconnaître la même supériorité à la lettre de la loi, si elle se trouvait en contradiction avec le sens général, puisque la valeur objective de la lettre est plus positive, et moins sujette à contestation, que l'interprétation subjective d'un sens abstrait.

Il résulterait sans doute de ce que nous venons de dire, que l'esprit, loin de maintenir sa valeur à l'égard de la matière, lui serait, au contraire, subordonné. Mais quoique les garanties sociales se trouvassent ainsi matérialisées, elles n'en conserveraient pas moins le caractère de l'*objectivité* qu'une interprétation uniquement subjective ne saurait revendiquer.

En s'arrêtant donc à l'une ou à l'autre de ces alternatives, on arrive également à l'imperfection. Et cependant on est forcé de l'accepter comme la conséquence inséparable d'une autre imperfection, celle de la loi.

Du reste, ce qui précède s'applique également à la donation, au contrat et à toute autre manifestation de la volonté humaine, où l'esprit et la lettre se trouvent en contradiction.

Mais s'il y a divergence d'opinions sur cette question, tous les publicistes, au contraire, sont d'avis qu'on ne doit pas donner aux lois un effet rétroactif (1). Et cependant si les lois étaient la réalisation véritable de l'idée de la justice, non-seulement elles pourraient, mais encore elles devraient nécessairement réagir sur les actions pas-

----

(1) Lord *Bacon*, cependant, justifie à certains égards la rétroaction des lois : « Igitur in casibus fraudis et evasionis dolosæ, justum est ut leges retrospiciant, atque aturæ aturis in subsidiis sint; ut qui dolos meditatur et eversionem legum præsentium, saltem a futuris metuat. » (Tractatus de dignitate et augmentis scientiarum. Londini, 1638, p. 278.) — « Leges quæ actorum et instrumentorum veras intentiones contra formularum aut solennitatum defectus roborant et confirmant rectissime præterita complectuntur. » (*Id.*, p. 279.) Lord Bacon observe, à cette occasion, avec beaucoup de justesse : « Lex declaratoria omnis, licet non habeat verba de præterito, tamen ad præterita ipsa vi declarationis omnino trahitur. Non enim tum incipit interpretatio cum declaratur, sed efficitur tanquam contemporanea ipsi legi. »

sées. Car la justice, étant une idée résultant de la nature intime de l'homme, doit avoir une valeur générale pour lui et se rapporter à toutes ses actions passées ou futures. Mais comme les lois ne réalisent pas l'idée de la justice d'une manière parfaite, et servent souvent de moyen à des vues de parti ou à l'intérêt personnel, elles pourraient être d'autant plus arbitraires et oppressives, que, au lieu de servir seulement de règle pour l'avenir, elles réagiraient sur le passé. Et c'est l'évidence de cet abus possible qui a rallié toutes les opinions à cette maxime, qu'aucun effet rétroactif ne saurait être concédé à la législation.

Les coutumes et les lois se rapportant à des actions effectivement arrivées dans une société, sont l'expression de sa vie réelle, sous le rapport du droit, et pourraient survivre au peuple lui-même, comme tout autre monument historique.

Mais de même que l'idée du droit se trouve limitée et déterminée par l'idée de la justice, comme nous l'avons montré plus haut, celle-ci est influencée à son tour par l'étendue que la valeur du droit acquiert parmi les hommes, ce que nous comptons expliquer au chapitre vi. Il suffira de faire observer ici que l'idée de la justice étant sujette à modifications, les législations en suivent les variations, si elles ont la tendance de réaliser cette idée.

C'est ainsi que la législation de chaque peuple est différente des autres législations, et différente d'elle-même, à mesure que les idées du peuple subissent un changement. La législation d'un peuple quelconque ne pourrait donc être appliquée indifféremment à tout autre peuple, à moins que leur droit ne se fût assimilé. Mais il arrive que la régularité d'un système de jurisprudence, la suite et la filiation de ses corollaires éblouissent l'esprit et entraînent à l'imitation. Et alors on perd de vue que cette législation si régulière et si logique, peut être contraire à la nature humaine, si elle fait abstraction de l'un de ses élémens constitutifs, le principe spirituel ou le principe matériel ; et nous allons montrer qu'aucune perfection de système ne saurait compenser l'imperfection de ce développement unilatéral de la législation.

§ III. — De l'équité.

Nous avons vu, par ce qui précède, que l'idée de la justice correspond au côté spirituel et au côté matériel de la nature humaine, considérée sous le point de vue du droit. Car elle assure au principe spirituel la liberté de ses manifestations, et au côté matériel, la totalité de son existence, la mettant à l'abri de toute violence extérieure.

Cependant l'esprit humain peut s'attacher à l'un de ces côtés séparément, en faisant abstraction de l'autre. Lorsque l'homme n'a égard qu'à sa nature spirituelle, qu'il retrouve identique dans son semblable, il en infère qu'ils ont une égale valeur sous ce rapport. Mais cette valeur, uniquement spirituelle, n'est pas susceptible d'être mesurée, ni évaluée matériellement, à cause de sa spiritualité même qui échappe à l'appréciation matérielle. La spiritualité qui se trouve dans un être humain est de même essence que celle qui anime les autres. Elle a la même valeur dans chaque sphère individuelle, ou une valeur égale. —Il faut donc entendre par égalité spirituelle une autre égalité que l'égalité matérielle subordonnée à la mesure. Et il s'ensuit que celle-ci ne saurait être étendue que forcément au principe spirituel.

Si, néanmoins, cette égale valeur spirituelle est réduite à une égalité matérielle, cette égalité, dans son application aux rapports sociaux, se nomme équité.

Conformément à l'idée de la justice, tous les hommes sont considérés comme des unités d'une parfaite égalité spirituelle, égalité d'où résulte une égale qualité pour tout être humain d'exercer la domination sur la matière et de l'utiliser selon ses besoins. Mais en assurant à tout individu le libre exercice et l'extension infinie de ses facultés et de ses droits, la justice arrive à l'inégalité matérielle, et son essence consiste précisément à faire respecter cette inégalité. De cette manière l'équité se distingue de la justice, en ce qu'elle n'arrive pas jusqu'à l'inégalité matérielle, et en reste à l'égalité matérielle, qu'elle assimile à l'égalité spirituelle des hommes.

L'équité ne trouve ainsi d'application que lorsque la valeur spirituelle de la nature humaine est prise en considération séparément, et que, d'un autre côté, l'égalité de ce principe spirituel entre individus ou entre réunions d'individus a été imperceptiblement assimilée à l'égalité matérielle.

De là, toutes les règles générales du droit des gens sont fondées sur l'équité, et ne se réfèrent à la justice que dans les cas spéciaux où il s'agit de droits inégaux.

Entre individus, le principe de l'équité est d'usage, lorsqu'il y a conflit de droits incertains, auxquels la justice ne saurait être appliquée, à cause de leur état vague ou obscur, et surtout s'il s'agissait d'une répartition d'objets, ou d'une conciliation d'intérêts, en l'absence de tout droit positif. Dans ce cas, l'équité peut suppléer à la justice, puisqu'alors il n'existe pas d'obstacle à supposer l'égalité matérielle des hommes.

En restant dans les bornes déterminées par ces cas spéciaux, l'équité peut servir de complément à la justice et à éloigner la violence des rapports sociaux. Mais dès qu'elle dépasse ces limites, dès que l'égalité matérielle des hommes est érigée en principe général, auquel doit se conformer la mesure des facultés et des droits dévolus à chaque individu, c'est par l'équité même que la violence s'introduira dans la société.

En réduisant le côté matériel de l'homme, nécessairement inégal, à une égalité supposée, la nature humaine se trouve faussée; on fait violence à son principe matériel, et on méconnaît la supériorité de son principe spirituel : on fait violence à la nature matérielle de l'homme, puisqu'on ne respecte plus les liens du droit, par lesquels il s'attache les objets nécessaires à son existence; et en brisant les liens du droit, on méconnaît la supériorité de l'esprit sur la matière, puisque le droit lui-même n'est que le résultat de cette supériorité.

C'est ainsi que l'équité se place en opposition avec la justice, aussitôt qu'elle s'efforce de réaliser son idée dans un état social où des droits inégaux existeraient déjà. Elle se met de plus en contradiction avec elle-même, en supposant que l'égalité matérielle des droits est une conséquence de l'égale valeur du principe intellectuel dans chaque

4

individu humain, puisque celle-ci amène au contraire, comme conséquence inévitable, l'inégalité des droits.

§ IV. — De la justice matérielle.

L'équité étant ainsi le résultat de l'isolement de l'un des côtés de la justice, l'autre côté, celui qui se rapporte à la matière du droit, peut également être pris séparément.

Lorsque abstraction est faite du principe spirituel des hommes, ils n'ont plus qu'une valeur matérielle les uns à l'égard des autres. Et comme leur côté matériel, surtout lorsqu'il a pris une extension considérable par l'acquisition de droits, présente une grande inégalité, il s'ensuivra que la valeur réciproque des hommes deviendra inégale.

Le droit alors se présente sous un autre point de vue. Il ne saurait être considéré plus long-temps comme un résultat de la supériorité de l'esprit sur la matière, puisque le principe spirituel lui-même a été complétement écarté. Mais il sera considéré comme la conséquence d'un fait, d'une prise de possession qui n'aura d'autre garantie que celle de la force individuelle ou publique.

Dans un tel état de choses, le principe matériel devenant la base unique de tous les rapports sociaux, ceux-ci se matérialisent; et on est forcé alors de suppléer à l'absence du principe spirituel par des formes multipliées qui s'étendent à tous les cas de la vie.

Cependant ces formes matérielles finissent par pétrifier l'homme à force de le circonscrire. La preuve la plus évidente de cette assertion nous est fournie par la jurisprudence des Romains, de ce peuple éminemment matérialiste, qui, incapable de concevoir la spiritualité, réduisait tout à une expression matérielle.

C'est ainsi que, voulant déterminer au juste la portée de l'autorité paternelle, ils tombèrent dans les plus monstrueuses conceptions : l'enfant n'était pour eux qu'une production du père, que, comme tel, celui-ci était libre d'aliéner ou de détruire, tout comme un objet inanimé. Si au moins la conséquence si vantée de leurs corollaires juridiques ne se fût pas démentie, il aurait dû être statué que le fils ne pouvait plus retomber au pouvoir du père, lorsque, après avoir été vendu par ce dernier, il aurait acquis la liberté. Car, en considérant le fils comme une chose, ils auraient dû lui en accorder aussi les propriétés passives, comme celle qu'ont les choses de ne pas retomber d'elles-mêmes au pouvoir de leur premier maître, lorsqu'une fois il les a aliénées. Mais les jurisconsultes romains ont commis cette inconséquence, parce qu'ils ont

été forcés de reconnaître qu'il existait entre le
père et le fils des liens de sentiment assez fort
pour résister au traitement le plus dur, et pour
ramener auprès du père le fils qu'il aurait vendu.
Ils ont encore voulu déterminer la force de ces liens
d'une manière positive, et ont supposé qu'ils ne
pouvaient se rompre que lorsque le fils aurait subi
trois fois les outrages de ce traitement.

C'est ainsi que la plus grande conséquence des
lois romaines consiste dans la sévérité de leur abstraction matérielle.

D'ailleurs la conséquence, considérée en elle-
même, n'est nullement la plus éminente des facultés de la raison humaine ; elle en représente la mar-
che, le mouvement extérieur ; mais elle n'est rien
sans l'idée, qui est son principe moteur. Il s'agit
donc de savoir si l'idée est vraie ; car ses résultats
seront nécessairement conséquens, si d'autres considérations ne viennent pas en interrompre le développement naturel. Ces considérations, qui en-
travent ainsi la filiation des idées, ont leur source
dans les mouvemens de la nature humaine, bons
ou mauvais, et peuvent être comprimées par une
volonté forte. Les Romains possédaient cette force
morale ; et c'est ainsi que leurs anciennes lois sta-
tuaient, d'une manière parfaitement logique, que
le débiteur insolvable pouvait être mis en pièces

par ses créanciers, en raison de la quote-part de chacun. Mais ils commirent une inconséquence, en ajoutant cette clause d'une barbarie raffinée, que quand même l'un des créanciers aurait coupé un morceau plus considérable que celui qui lui revenait légalement, il n'en serait pas responsable.

Il était logique que les légistes romains permissent de partager l'homme comme une chose, puisqu'ils n'avaient égard qu'à son côté matériel ; ils voyaient la propriété du créancier passer au débiteur, satisfaire à ses besoins, et se transformer par l'usage en sa propre substance, sans que le créancier eût reçu l'équivalent de cette propriété. Ils lui permirent donc de la reprendre, quoiqu'elle fût devenue partie intégrante d'un individu humain ; car la destruction de l'individu, qui devait s'ensuivre, n'était d'aucune considération à leurs yeux. — Non-seulement des sentimens d'humanité ne suffirent point pour les détourner des conséquences les plus extrêmes qui résultent du droit, pris dans son abstraction matérielle, mais encore ils ne commirent cet écart que par des considérations d'une politique cruelle et égoïste : car la tolérance en faveur du créancier qui aurait abusé de la permission de disséquer le débiteur, était uniquement motivée par un puissant intérêt patricien.

Nous avons vu que l'équité, comme abstraction du côté spirituel de la justice, peut lui servir de complément en certaines circonstances. — L'autre abstraction de la justice, que nous avons nommée la justice matérielle, la remplace également, d'une manière naturelle, dans les cas, assez rares du reste, où il ne s'agit que du côté matériel de l'homme ou de son droit, sans égard pour le côté spirituel de l'un ou de l'autre.

Pour citer un exemple de l'application de cette autre abstraction de la justice, nous prendrons le § 563 du Code civil français, où il est dit : « Si « un fleuve ou une rivière navigable, flottable ou « non, se forme un nouveau cours, en abandon- « nant son ancien lit, les propriétaires des fonds « nouvellement occupés prennent à titre d'in- « demnité l'ancien lit abandonné, chacun dans la « proportion du terrain qui lui a été enlevé. »

Dans le cas cité, il s'agit de la destruction du côté matériel du droit; de l'apparition d'un nouveau terrain, qui se présente en état primitif de non-occupation; et de la disposition qui doit en être faite.

Le principe de la justice ne saurait trouver d'application dans le cas présent. Elle ne peut se rapporter à la destruction du droit, puisque cette destruction s'est faite indépendamment de la volonté humaine, et que la justice n'a d'autre objet que la régularisation de cette volonté. Et comme il n'existe pas de droit sur le nouveau terrain, puisqu'il n'est pas encore occupé, et que la loi empêche cette occupation, la justice n'y trouve pas d'application non plus, car la justice ne peut être exercée qu'à l'égard du droit, comme manifestation de la volonté intelligente. — Mais l'apparition du terrain n'étant que le résultat du même phénomène qui a causé le mal, l'idée se présente naturellement de faire du nouveau terrain l'objet d'une compensation, en faveur des individus qui ont souffert de ce jeu de la nature.

Si l'on prenait l'équité pour règle de la répartition du terrain, cette répartition se ferait par portions égales. Mais on ne saurait, dans ce cas-ci, avoir recours à l'équité, puisque la matière du droit est principalement en question. Et la compensation, ne pouvant ainsi être que matérielle, se fait proportionnellement à la matière détruite.

C'est ainsi que l'abstraction de l'un ou de l'autre côté de la justice est possible jusqu'à un certain degré, quoiqu'elle reste toujours plus ou moins forcée, puisque les deux élémens qui constituent l'homme et son droit, n'existent pas en réalité dans un état de séparation.

Si ces deux côtés de la justice se maintenaient

dans la séparation, il en résulterait, comme à Rome et en Angleterre, deux genres distincts d'institutions judiciaires, dont chacun aura pour base l'un des deux côtés de la justice, pris dans leur abstraction (1).

Lorsque ces abstractions prennent de la consistance, et que l'esprit humain se tient exclusivement à l'une des deux, l'harmonie de leur rapport naturel se trouve rompue. Et cette harmonie, la justice la rend visible aux yeux des hommes ; ou plutôt la justice n'est elle-même que l'harmonie ou l'équilibre de l'élément spirituel et de l'élément matériel de la nature humaine.

Mais les passions des hommes ne laissent pas un libre cours au développement pacifique du droit sous la garantie de la justice ; et l'équilibre de celle-ci se trouve perpétuellement dérangé par une prépondérance plus ou moins démesurée qu'acquièrent tantôt le principe spirituel, tantôt le principe matériel, dans leur influence sur les rapport sociaux.

———◈———

Pour compléter l'explication, que nous avons don-

---

(1) « In Rom entstand aus der *Æquitas* das prätorische Recht, in England aus der *Equity* eigene Gerichtshöfe und eigene Rechtsgrundsätze. » (Naturrecht, etc., v. *Hugo.* S. 124.)

née dans ce chapitre, de la nature de la justice, nous citerons ce que nous avons rencontré de plus saillant à ce sujet parmi les auteurs qui s'en sont occupés, d'autant plus que la comparaison de ces autorités, qui considèrent la justice sous différens points de vue, peut offrir un certain intérêt.

Pythagore considère la rétribution comme l'essence de la justice, qu'il désigne par le nombre fondamental *un;* nombre dont la valeur reste égale, lorsqu'il est multiplié par lui-même (IX. 1. 1). — (*Voy. Rixner's* Geschichte der Philosophie, t. 1, S. 105.)

L'ouvrage entier que *Platon* a écrit sur l'État doit son origine à l'examen qu'il fait de la nature de la justice. Cependant il la considère principalement sous un point de vue métaphysique, dans son rapport avec les autres facultés de l'esprit. Mais lorsqu'il parle de son influence sur les relations sociales, il la fait consister en ce que chacun reste dans le cercle de ses attributions, et ne fasse ou ne possède que ce à quoi il a droit. — *Socrate :* « Nous « n'avons pas oublié que la république est juste, « parce que chacun des trois ordres qui la com— « posent fait uniquement ce qui est de son devoir. « Souvenons-nous donc que chacun de nous sera « juste, qu'il sera dans l'ordre, lorsqu'il fera au « dedans de lui-même ce qui convient à sa nature.»

(La République de *Platon,* ou Dialogues sur la justice, t. I, p. 209.) — *Socrate :* « Ainsi, lors-
« que nous exigions que celui qui était né pour
« être cordonnier, charpentier, et ainsi du reste, fît
« son métier et ne se mêlât pas d'autre chose,
« nous tracions, sans le savoir, l'image de la jus-
« tice. La justice en effet ressemble parfaitement à
« cette image, à cela près qu'elle ne s'arrête point
« aux actions extérieures de l'homme, mais qu'elle
« règle son intérieur, ne permettant pas qu'aucune
« des parties de son ame fasse autre chose que ce
« qui lui est propre, et leur défendant d'entre-
« prendre sur leurs droits réciproques. Elle veut
« que l'homme , après avoir bien disposé toutes
« choses au dedans , s'être rendu maître de lui-
« même . . ., elle veut, dis-je, qu'alors l'homme
« commence à agir . . .; que dans toutes les cir-
« constances il donne le nom d'action juste et belle
« à toute action qui fait naître et qui entretient en
« lui ce bel ordre. » (*Platon,* l. c., t. I, p. 212.)

Saint Augustin observe : «Remota itaque justitia quid sunt regna, nisi magna latrocinia ? Quia et ipsa latrocinia quid sunt nisi parva regna? » (*Sancti Aurelii Augustini* de Civitate Dei, l. XXII, t. I., p. 392. Franc. ac Hamb.)

Hugo Grotius avait bien le sentiment que la justice est une idée compliquée, mais il n'est pas par-

venu à la développer d'une manière dialectique ;
c'est pourquoi il n'en donne qu'une explication
confuse. Il dit qu'il faut entendre sous la dénomination de *jus* ce qui est juste, ou plutôt, négativement,
ce qui n'est pas injuste. Conformément aux rapports
d'égalité qui existent entre frères, collègues, etc.,
et aux rapports inégaux qui se forment entre le
père et les enfans, le maître et les subordonnés,
il distingue un *jus œquatorium* d'un *jus rectorium*.
Le droit, selon l'objet auquel il se rapporte, est
tantôt personnel, tantôt réel. Hugo Grotius nomme
le droit personnel *faculté*, lorsqu'il en résulte la
compétence parfaite d'avoir ou de faire quelque
chose ; et il le nomme *aptitude*, lorsque cette
qualification est moins parfaite. Selon lui, la
faculté n'est autre chose que la justice proprement dite, qu'il nomme aussi *justitia exple-
trix ;* elle est de deux genres, qui constituent le
droit privé des individus et le droit public de la
communauté. La justice qu'il nomme *attributrix*
se rapporte à l'*aptitude*, et porte à faire ce qui convient (*id quod convenit*). Elle est la compagne
des vertus utiles aux autres, de la libéralité, de la
miséricorde, etc. Hugo Grotius ajoute : « Est et tertia
juris significatio, quæ idem valet quod lex, quoties
vox legis largissime sumitur, ut sit regula actuum
moralium obligans ad id quod rectum est. » Et

plus loin Hugo Grotius établit encore une distinction entre une justice externe et une interne.

Pufendorf parle d'une justice qui est personnelle aux hommes, et par suite de laquelle ils ont la volonté d'être justes; et d'une justice objective des actions, qui consiste à se conformer aux lois. Il admet ainsi une autre justice que celle représentée par les lois; mais il ajoute que la jurisprudence ne s'occupe que de cette dernière seule. Ensuite il arrive à une justice universelle, qui fait rendre aux autres ce à quoi ils n'ont qu'un droit imparfait, en implorant l'humanité, la miséricorde, etc.; et à une justice particulière, qui n'a égard qu'au droit parfait. Selon lui, la justice distributive consiste : « Ut quomodo se habet dignitas, seu meri- « tus unius ad dignitatem alterius, sic se quo- « que habeat præmium unius ad præmium alte- « rius; » et elle constitue une attribution du pouvoir suprême dans l'Etat. Il assigne à une modalité de la justice, qu'il nomme justice commutative, la tâche de régler les rapports des individus conformément aux conventions qui existent entre eux. — Pufendorf établit de la manière suivante la différence qui existe entre l'explication qu'il donne de la justice et celle de Hugo Grotius. « Nam illa (divisio) nobis desumitur ab ipsa potissimum materia quæ debetur, et ex debendi origine; ipsi

(Grotio) autem a modo et velut intentione qua quid debetur. »

M. *Vollgraff* explique de la sorte l'idée de la justice : « Gerechtigkeitsliebe ist blos der negative Pol der Sittlichkeit, beleidige Niemand, lass Jedem das Seinige, etc. Der positive heisst : liebe deinen nâchsten Menschen wie dich selbst, opfere ihm positiv deine sonderthümlichen Leidenschaften. » (Die Systeme der practischen Politik im Abendlande, t. I, S. 68.)

Hegel dit en parlant de la justice : « Die Gerechtigkeit ist weder ein fremdes jenseits sich befindendes Wesen, noch die seiner unwürdige Wirklichkeit einer gegenseitigen Tücke, Verraths, Undanks u. s. w. die in der Weise des gedankenlosen Zufalls als ein unbegriffner Zusammenhang und ein bewusztloses Fhun und Unterlassen das Gericht vollbrächte, sondern als Gerechtigkeit des menschlichen Rechts, welche das aus dem Gleichgewichte tretende fürsichseyn, die Selbstständigkeit der Stände und Individuum in das Allgemeine zurückbringt, ist sie die Regierung des Volks, welche die sich gegenwärtige Individualität des allgemeinen Wesens und der eigne selbstbewuszte Willen aller ist. » (Phänomenologie des menschlichen Geistes. S. 344.) — Ailleurs il exprime la justice, quoique sous une autre dénomination, par la formule suivante : Das Rechtsgebot ist daher, sey eine Person und respectire die andern als Personen. » (*Hegel's* Naturrecht, etc. S. 42.)

⟞————————————————⟝

CHAPITRE IV.

LA JUSTICE DISTRIBUTIVE.

—

§ I. — Des délits et des peines.

Dans le chapitre précédent, nous avons considéré la justice comme idée inhérente à toute intelligence ; ensuite nous l'avons examinée telle qu'elle se trouve réalisée d'une manière relative sous le nom de loi. — Nous avons vu que l'idée de la justice n'est autre chose qu'un développement de l'idée du droit, motivé par l'identité du principe intellectuel dans tout individu humain ; d'où suit la même qualité pour chacun d'eux de manifester cette intelligence, ou la même qualité à l'égard de l'action.

Il en résulte que l'individu qui aurait adopté un certain principe ne pourrait refuser aux autres la faculté de l'adopter également. De là il suit encore que tout principe en conséquence duquel l'individu aurait agi, peut être rétorqué à son égard, puisque la rétorsion n'est autre chose que l'application du même principe à l'égard de celui qui l'aurait adopté en premier lieu.

En s'écartant de l'observation de la justice, on commet une violence; car la justice étant l'exact contre-poids de la violence, tout écart de l'une mène nécessairement à l'autre. Mais, en conséquence de la règle énoncée ci-dessus, que tout principe peut être rétorqué contre celui qui en aurait fait usage, il s'ensuit que tout écart de la justice étant un acte de violence, ce fait seul justifie la force qui serait employée à le comprimer. Et comme les lois, humainement parlant, sont la réalisation de la justice, tout écart de la loi doit être également considéré comme un acte de violence qui donne lieu à la rétorsion. Il s'ensuit que l'appui matériel prêté à la loi pour en maintenir l'observation, loin d'être un usage arbitraire de la force, n'est qu'un des corollaires qui résultent de l'idée même de la justice.

Les plus importants de ces actes de violence se nomment crimes, puis viennent les délits proprement dits, et enfin les moins importants, qu'on nomme contraventions. Mais nous comprendrons ces différentes gradations, prises dans leur ensemble, sous la dénomination générale de délits.

La rétorsion n'étant que la conséquence de la manifestation d'un principe intellectuel, il s'ensuit qu'elle n'est pas applicable dans les cas où l'action ne peut pas être ramenée à un tel principe, toute action n'étant pas nécessairement une manifestation de la volonté. Il y a des actions involontaires, dont l'individu n'a aucune connaissance, par suite de maladie, d'aliénation d'esprit, ou faute de discernement : ces actions ne sont que de simples mouvements ; et le préjudice qui en résulte pour le droit d'autrui ne peut être apprécié qu'à l'égal de celui qui provient de toute autre force physique déréglée.

Les actes de violence, qui sont une manifestation de la volonté, ont leur source dans les influences que la partie matérielle de la nature humaine, les passions, les désirs, etc., exercent sur la volonté, à laquelle les métaphysiciens donnent le nom de volonté naturelle ou empirique, lorsqu'elle se trouve dans cet état d'assujettissement à la matière (1).

Le mouvement intellectuel des idées n'étant pas perceptible en lui-même, les hommes ne peuvent juger des dispositions intérieures de l'individu, ou des principes qui servent de règle à sa conduite, que par leurs manifestations.—Ces mani-

____

(1) Alle Übertretungen haben ihren psychologischen Grund in der Sinnlichkeit. (Lehrbuch des gemeinen in Deutschland gültigen peinlichen Rechts v. *Feuerbach*. S. 37.)

festations peuvent consister en langage, en écriture, ou autres signes ; et certes, l'individu qui aurait ainsi professé d'une manière formelle ou implicite un principe quelconque, ne saurait, en sa qualité d'être intellectuel, méconnaître que dèslors ce principe doit être considéré comme le mobile de ses actions. Mais l'intelligence est libre dans ses mouvements ; elle peut revenir sur des idées dont elle aurait reconnu la fausseté ou l'inconvenance.

L'individu peut aussi avoir émis certains principes, faute de réflexion, ou sans les prendre au sérieux. — Par égard pour ces imperfections ou contradictions de la nature humaine, la profession seule d'un principe n'est pas considérée comme témoignage suffisant de son adoption, et on en cherche la preuve dans sa manifestation complète par l'action, dans sa pratique même (1). De là vient la maxime généralement admise, que la rétorsion n'est applicable qu'en conséquence de l'action même, ou d'indications qui puissent être considérées comme un commencement d'exécution (2).

---

(1) « Iede Handlung wenn sie als Verbrechen beurtheilt werden soll, setzt äusserliche Erkennbarkeit voraus, denn nur eine äussere Handlung kann ein Recht verletzen. » (L. c. *Feuerbach*. S. 57.)

(2) Chez les Romains, la tentative d'un crime n'était pas passible de peine, à moins que le contraire ne fût expressément établi par la loi criminelle. Cette circonstance s'explique par différentes considérations, (Voyez le Commentaire de *M. Mittermaier* à l'ouvrage cité de *Feuerbach*, p. 69 et suiv.) mais principalement par le point de

On distingue ainsi dans le délit un principe spirituel, la volonté humaine, quoique troublée et affectée de matière ; et un principe purement matériel , qui consiste dans l'action par laquelle violence est faite au droit d'autrui. L'état vicieux de la volonté ne constitue pas en lui-même le délit, puisque l'homme peut se dégager de ses tendances matérielles et s'élever jusqu'à sa véritable liberté, la pureté de son essence spirituelle, avant d'avoir manifesté ses dispositions vicieuses par l'action. — Le délit ne consiste pas non plus dans l'action seule, par laquelle violence est faite au droit d'autrui , puisqu'elle peut être involontaire : or donc, le délit n'est possible que par la présence et la réunion de ces deux facteurs, qui en forment également partie intégrante.

L'action qui constitue le délit peut être simple. Dans ce cas, s'il y avait un commencement d'exécution, dont l'effet n'aurait été interrompu que par suite de circonstances indépendantes de la volonté de l'auteur , celui-ci pourrait en être rendu res-

---

vue matériel auquel la jurisprudence romaine se plaçait constamment. Car on en vient à adopter la maxime que la consommation seule du crime donne lieu au châtiment, si on a uniquement égard au fait matériel, et non au principe intellectuel qui lui sert de mobile. La plupart des législations modernes admettent que la tentative doit être punie, mais plus légèrement que le crime ou le délit. Le Code pénal français assimile la tentative du crime au crime accompli, mais n'établit pas la même règle à l'égard du délit proprement dit.

ponsable , comme si le délit avait été accompli, puisqu'il aurait clairement manifesté ses véritables dispositions.

Mais le délit peut consister aussi dans une action qui se compose d'un certain nombre de gradations. Et comme à chacune d'elles, l'individu peut changer d'intention, il en résulte qu'il ne saurait être rendu responsable que de la partie du délit qui a été effectivement commise : ainsi un délit compliqué peut être considéré comme un ensemble de plusieurs délits, pour chacun desquels il n'existe d'autre qualification que celle qui caractérise le délit simple.

Néanmoins l'action motive la rétorsion , non-seulement à l'égard de l'auteur même de la violence, mais encore à l'égard de ceux qui l'ont encouragé à la commettre, ou lui ont prêté leur assistance. Car l'intention des complices étant la même que celle de l'auteur, ils sont également responsables de l'action, si toutefois elle a été commise de la manière dont ils l'entendaient.

Comme la rétorsion est une conséquence de l'identité du principe intelligent en tout homme , il en résulte qu'elle ne saurait être mise en usage à l'égard de l'individu dont l'intelligence serait différente de celle des autres hommes par suite d'un développement incomplet ou d'une maladie mentale. Mais entre l'état d'une intelligence qui manque complétement de la faculté du discernement, et l'intelligence qui se trouve dàns son état normal, il existe une infinité de degrés intermédiaires et de nuances, qui doivent être pris en considération, en tant qu'ils peuvent modifier l'application du principe de la rétorsion.

Il suit de la nature de la violence, que chacun est libre d'user de rétorsion, puisque l'individu qui aurait érigé un principe quelconque en règle de sa conduite, ne saurait refuser à aucun de ses semblables d'adopter également ce principe à son égard. — Mais la rétorsion ne peut être considérée comme telle qu'aussi long-temps qu'elle est le contre-poids exact de la violence (1). Et s'il était permis au jugement individuel de la déterminer à son tour, elle dépasserait facilement les bornes de la justice, surtout au moment où l'offensé se trouverait sous l'impression du tort qu'il a souffert. C'est

---

(1) *Pufendorf* (De jure naturæ et gentium) examine la question de savoir si la défense de l'agresseur peut devenir à son tour légitime, et il l'affirme par le motif que l'offensé est obligé de s'arrêter lorsque l'agresseur fait preuve de repentir et offre une indemnité ; ce qui contredit directement cette autre maxime du même auteur : « Eo ipso dum qui se hostem mihi profitetur dat mihi quantum in se adversus se licentiam in infinitum.» (Loc. cit., p. 253.) *H. Grotius* dit également (loc. cit., p. 170): «Tamen qui injuria me parat afficere, is mihi eo ipso dat jus adversus se in infinitum. » Il suffira de faire observer que les conséquences de cette maxime assimilent la justice à la vengeance.

pourquoi la société humaine, en se développant, prend soin de donner une base plus solide à la rétorsion. Elle n'est plus permise à l'individu que dans les cas urgens, où elle se confond avec la défense personnelle.

La même tendance à exclure toute influence subjective dans l'appréciation de la rétorsion, a fait tomber d'accord les criminalistes, qu'elle ne saurait être appliquée à aucun crime, aucun délit, aucune contravention, à moins d'être expressément déterminée par la loi : « *Nulla pœna sine lege.* »

Cette rétorsion légale est connue sous le nom de pénalité ou de peine. Son application constitue une partie de l'autorité (l'autorité judiciaire), dont nous parlerons en examinant la nature de l'autorité en général.

On remarque chez tous les peuples la même progression dans le développement de leurs idées sur la peine. Elle est d'abord considérée comme une vengeance exercée par les familles ou les tribus ; puis comme une vindicte publique, que satisfait la composition pécuniaire ; plus tard, comme un moyen de terreur pour maintenir la sécurité sociale, jusqu'à ce qu'enfin la nature intime de la peine se révèle, et qu'elle ne soit plus considérée que comme une conséquence du principe de la justice. (Voy. *Feuerbach*, loc. cit., p. 8.)

Néanmoins il est à observer que la rétorsion se rapporte à une action passée, et que l'individu peut avoir reconnu la fausseté du principe qui l'avait amené à commettre le délit. S'il abandonnait ce principe, s'il réparait de plus le mal qui s'en est suivi, en tant qu'il dépend de lui, l'application de la rétorsion ne pourrait plus, dans ce cas, être motivée comme conséquence du principe adopté par le délinquant, puisqu'au contraire il l'aurait déjà abandonné. Dès-lors la rétorsion se trouverait assimilée à la vengeance, principe essentiellement subjectif, et qui par cela seul deviendrait inadmissible comme principe d'ordre social, quand même il ne serait pas réprouvé par la morale (1). Mais un changement d'idées pareil dans l'auteur du délit, n'étant pas perceptible en lui-même, et ses professions à cet égard pouvant manquer de sincérité, on est forcé d'en rester à l'action comme seul critérium des principes. Et, comme nous l'avons déjà dit, l'action devient non-seulement l'indice des principes qui la précèdent, mais aussi

---

(1) *Tertullien* (adversus Marcionem, 4. 16, p. 925) dit que le précepte de Jésus-Christ de pardonner les injures ne contredit pas ce qui est prescrit à ce sujet dans le Vieux Testament, car il y est également ordonné d'oublier les offenses. En sorte que la menace du talion que ce dernier contient ne concerne que l'offenseur et non l'offensé, et indique seulement que, le talion ne pouvant être exercé par ce dernier, passe à un tiers, c'est-à-dire, à l'autorité constituée dans le pays. (Voyez *H. Grotius*, p. 506.)

de ceux dont on doit supposer la durée après son accomplissement.

Cependant l'homme est incontestablement capable de revenir sur ses erreurs et de changer de principes. Et comme, à l'honneur de l'humanité, ce changement est même présumé devoir s'accomplir avec le temps, la conséquence nécessaire de cette supposition est la rémission du délit, ou sa prescription après un certain laps de temps (1). Mais la durée de cette prescription ne saurait être fixée d'une manière satisfaisante, puisque la conversion de l'individu peut s'opérer par suite de circonstances particulières, aussi bien que par l'expérience ou une réflexion plus mûrie. Les circonstances fortuites sont naturellement indépendantes de toute durée de temps; mais le terme de la conversion opérée par la réflexion et l'expérience pourrait correspondre aux différentes périodes de la vie humaine : la jeunesse, l'âge mûr, la vieillesse, quelque vagues qu'elles soient en elles-mêmes.

De même qu'il existe une interruption de la prescription civile, on a admis différentes circonstances pouvant interrompre la prescription criminelle. L'amélioration du coupable ne saurait

---

(2) «Der Verjährung sind alle Verbrechen unterworfen, ohne Rücksicht auf die Grösse ihrer Strafbarkeit oder auf die Beschaffenheit der Person. » (*Feuerbach*, loc. cit., p. 117.)

en effet être supposée, s'il commettait de nouveaux
délits avant l'expiration de la prescription. Cette
cause de prescription, qui du reste n'est expressément reconnue, autant que nous le sachions, que
dans la législation du Wurtemberg, est parfaitement motivée. Mais on ne saurait reconnaître aux
actes d'instruction ou de procédure la même faculté d'interrompre la prescription criminelle,
puisqu'on ne leur attribue cette faculté que par
analogie avec la jurisprudence civile, et que néanmoins les motifs sont entièrement différens dans
l'un ou l'autre cas.

Mais en outre de la raison fondée sur l'impossibilité de juger des mouvemens intérieurs de
l'homme, d'autres considérations viennent encore
à l'appui de la nécessité de maintenir la rétorsion
à l'égard du délinquant. Elles résultent de l'observation pratique des causes qui agissent sur
l'homme et la société humaine. C'est ainsi que la
crainte du châtiment peut empêcher les délits, en
partie du moins, et offrir une garantie de plus à
la sécurité de la société. Le châtiment lui-même
peut ramener à la justice par la réflexion qu'il provoque sur les suites du délit. Et si le châtiment
était calculé de manière à produire cet effet principalement sur le coupable ; s'il consistait dans une
réclusion, où l'isolement du prisonnier doit l'a-

mener à faire un retour sur lui-même, les plus
heureuses conséquences peuvent en être le résultat.

Il suit de ce que nous venons de dire que la
véritable base de la peine consiste dans le principe
de la rétorsion, considéré comme conséquence de
l'égale valeur de la volonté intelligente dans tout
individu humain; mais que d'autres motifs secondaires, ou d'utilité pratique, concourent également à constater la nécessité de la peine. Les
motifs dont le nombre pourrait être facilement
augmenté, ne sont, comme on le voit, qu'accessoires à l'idée principale de la peine, et ne servent
qu'à la compléter. Et néanmoins on a voulu non-
seulement les séparer, mais encore on les a considérés comme incompatibles; en sorte que chacun
de ces motifs devenant la base exclusive d'une
théorie pénale, il s'en est formé plusieurs, opposées ou même hostiles les unes aux autres.

Il en est de ce dissentiment comme de tous les
autres auxquels les rapports sociaux donnent lieu.
Ces dissentimens ne proviennent pas de supposi-
tions entièrement fictives, mais ils ont leur source
dans une appréciation abstraite des différens motifs sociaux qui existent effectivement; en sorte
qu'au lieu d'avoir égard à leur valeur relative, on
attribue à l'un d'eux une importance exclusive ou
du moins démesurée.

§ II. — De la gradation des délits et des peines.

Nous avons vu qu'en s'écartant de la justice, on tombe dans le délit ; mais ces aberrations ayant leur source dans la volonté de l'homme, sont de nature aussi différente que les causes qui influent sur sa volonté, et qui proviennent autant de l'organisation particulière de l'individu que de son contact avec les autres hommes.

Les violences auxquelles l'homme se livre à l'égard de son semblable, peuvent être aussi bien dirigées contre l'élément matériel que contre le principe spirituel de ce dernier.

Quant à ce premier genre de violence, il est assez généralement apprécié d'une manière uniforme ; mais il y a plus de différence dans le jugement des hommes relativement aux atteintes à leur dignité morale, parce qu'ils ne s'accordent pas sur ce qui constitue cette dignité, ni sur la manière dont ils veulent qu'elle soit honorée par les autres : différence d'opinion subjective, que des défauts même, tels que l'amour-propre, la susceptibilité, etc., contribuent à augmenter encore.

La combinaison de ces différens motifs, du côté de celui qui cause, et de celui qui souffre le préjudice, donne lieu à une multiplicité de délits, qui compliquent encore des circonstances particulières,

telles que la nature des relations qui existaient an-
térieurement entre les deux parties.

La législation a pour tâche de comprendre toute
cette diversité de délits en certaines catégories, afin
d'y proportionner les peines. Mais la difficulté principale, sous ce rapport, consiste à trouver un principe fondamental, qui puisse servir de mesure
pour apprécier la grandeur du délit.

Le délit étant une violence, il s'ensuit que si
la grandeur de cette violence pouvait donner la
mesure des délits, le principe nécessaire pour procéder à leur classification serait trouvé. Comme
cependant l'auteur des plus grandes violences ne
saurait en être rendu responsable, si elles sont l'effet de circonstances fortuites ou indépendantes de
sa volonté; et que d'autres circonstances, telles que
défaut de réflexion, égarement momentané et contraire à la conviction de l'individu lui-même, at-
ténuent le délit, il s'ensuit que la grandeur seule
de la violence ne saurait en donner la juste mesure.

D'un autre côté, les mêmes contradictions se
présenteraient, si les dispositions vicieuses de l'individu devaient servir seules à déterminer la valeur du délit. L'état moral de l'individu peut être
vicieux à l'extrême, sans qu'il le manifeste par aucune espèce de violence, faute d'occasion, ou bien
par inconséquence ou manque d'énergie, de sorte

qu'il n'y aurait pas de délit commis de sa part, ou seulement des délits inférieurs à la dépravation de son esprit.

Mais c'est surtout l'insuffisance des moyens pour juger avec certitude d'un état moral, non perceptible en lui-même, qui ne permet pas d'adopter isolément le principe spirituel du délit, comme base de son évaluation.

Il est évident par ce que nous venons de dire, qu'aucun des deux élémens, dont se compose le délit, ne pouvant être pris séparément comme mesure de sa grandeur, cette mesure ne consiste pas dans un principe simple. Il ne reste ainsi d'autre moyen pour déterminer la gradation des délits, que de prendre conjointement les deux élémens dont ils se composent, pour base de leur classification.

L'élément matériel du délit offrant des indices aisément perceptibles, on est naturellement amené à s'y tenir de préférence en procédant à cette classification. Mais le principe étant extérieur et matériel, la classification à laquelle il sert de base le sera également : or, pour pénétrer plus avant dans la nature intime du délit, il faudrait nécessairement s'attacher en même temps à en examiner le principe spirituel.

Le principe matériel du délit consiste dans la violence qui peut être exercée contre l'un des deux côtés de la nature humaine pris séparément, ou contre tous les deux réunis ; d'où résultent trois catégories principales de délits.

La plus grande violence qui puisse être exercée par l'homme à l'égard de son semblable, est celle de la destruction de toute son existence, puisque cette violence est irréparable dans ses conséquences.

Mais dans l'existence de l'homme, il y a différens degrés ; et il passe par une succession de développements, avant d'arriver à sa plénitude d'être. — L'individu est toujours le même, comme fœtus informe ou comme organisation achevée, puisque l'embryon n'atteint son dernier développement que par un mouvement continu de transitions graduelles, où il n'existe pas d'interruption. Mais comme la possibilité que le fœtus arrive à un état plus parfait, n'est qu'une supposition, aussi long-temps qu'elle ne s'est pas réalisée, il y a différence entre la destruction du fœtus et celle de l'individu qui a vu le jour, comme il y a différence entre la possibilité et la réalité.

Mais il existe des gradations encore dans le développement même du fœtus, et conséquemment il y a différence entre sa destruction, lorsqu'il peut y avoir doute sur son existence même, ou lorsqu'il se trouve dans un état de formation avancée.

L'homicide d'un individu, qui lui-même demanderait la mort, peut être assimilé au suicide. Tous deux doivent être considérés comme des actes d'une criminelle irréflexion, puisqu'il n'y a aucune possibilité de les réparer, quand même les motifs qui les ont amenés auraient changé par l'effet du temps seul, ou par suite d'autres circonstances ; aussi est-il parfaitement naturel d'expliquer le suicide par une aberration d'esprit momentanée. La plupart des législations modernes admettent le consentement comme circonstance atténuante de l'homicide ; mais les législations anglaise et française sont d'une extrême rigidité sous ce rapport, et n'ont aucun égard au consentement de celui qui cherche la mort.

Après la violence exercée contre les deux élémens dont se compose l'individu humain, et la destruction de leur organisme même, vient en ordre de grandeur, la violence dirigée principalement contre l'un ou l'autre de ces deux côtés. Ce genre de violence est, en tout cas, moindre que celui qui concerne la totalité de l'individu, par la raison que la partie est moindre que le tout, et que l'individu qui n'a souffert qu'une atteinte partielle peut recevoir une réparation plus ou moins complète.

L'homme ressent plus vivement la violence exercée contre son côté spirituel, que celle portée à sa na-

ture matérielle, et cela en raison de la prépondérance qu'il accorde à l'esprit sur la matière.

S'élevant au-dessus des autres créations terrestres par la supériorité de son intelligence, il est
naturel à l'homme d'estimer la cause de cette supériorité, et de vouloir que ses semblables respec-
tent en lui ce principe de leur propre dignité.—Et
il prend comme une violence ou un outrage toute
action, toute parole, calculées à exprimer le mépris à son égard. — L'opinion des hommes varie
sur ce qui constitue l'essence de cettte dignité, qui
doit être tenue en honneur, tant à cause de la différence de leurs sexes, que par suite de la direction
spéciale qu'ont prise leurs idées; à cet égard, il
y a des nations et des individus susceptibles à
l'extrême. Dans d'autres pays, les idées sur l'honneur varient selon les classes de la société; et ailleurs encore, le principe matériel acquiert une telle
prépondérance parmi les hommes, qu'aucune of-
fense contre leur dignité morale ne saurait avoir
d'importance à leurs yeux. — Les différences
qui règnent ainsi dans les idées des hommes relativement à l'honneur, rendent difficile la législation
sur cette matière; et elle a dû même paraître assez
généralement impraticable, puisqu'elle n'a été
qu'imparfaitement fondée jusqu'à présent. Cette
dernière circonstance s'explique par la raison que

les lois doivent porter le caractère de la généralité, et que néanmoins cette généralité ne saurait être atteinte, aussi long-temps que la valeur de la dignité morale se trouvera principalement abandonnée à l'appréciation subjective.

Les législations sur les violences faites à la dignité morale de l'homme étant insuffisantes, il en résulte qu'on y supplée par des moyens personnels, qui consistent dans le combat singulier. Et on y a recours, non-seulement pour punir un outrage personnel, mais aussi pour réprimer l'atteinte à l'honneur de ses proches, qui ne pourraient s'en défendre eux-mêmes, soit à cause de leur sexe, ou de leur âge.

Le combat singulier ou duel, se trouvant en opposition avec la législation, doit être considéré comme un délit. Mais il devient une source de difficultés et d'embarras pour le juge, qui est forcé de reconnaître son impuissance à le comprimer, par la raison très-simple que ce délit n'est que le résultat d'une lacune dans la législation. C'est pourquoi, au lieu de suivre la routine accoutumée, et de s'en prendre constamment à ceux qui n'ont pas voulu souffrir qu'atteinte fût portée à leur honneur, on arriverait plutôt au but, en réformant la législation elle-même sur cette partie, en la mettant d'accord avec les idées reçues dans le pays.

Si les outrages à l'honneur de l'homme ou de la femme étaient considérés comme des délits plus graves que ceux contre la propriété, et si la peine infligée pour ces outrages était rendue infamante en conséquence du principe de la rétorsion, le duel se trouverait nécessairement banni de la société, puisque la défense personnelle serait devenue inutile. — Si les diverses classes dont se compose une nation différaient entre elles dans l'appréciation de la dignité morale, les lois aussi devraient se modifier en conséquence ; en sorte qu'elles ne pourraient conserver, sous ce rapport, leur généralité, que dans les pays où les mêmes notions sur l'honneur auraient pénétré dans toute la masse de la nation. Il y aurait un moyen encore de rapprocher la législation des idées reçues à cet égard, ce serait d'autoriser la défense personnelle, à certaines conditions, qui en préviendraient les abus d'une manière plus complète que la peine prononcée contre le délit lui-même.

Mais de même que la violence peut être dirigée contre le principe spirituel de l'homme, considéré comme tel, elle peut aussi être dirigée contre le même principe, qui se trouve incorporé au droit, ainsi que nous l'avons montré au chapitre II, en

parlant des violences auxquelles ce droit se trouve
exposé. — Les délits de ce genre comprennent les
abus de confiance et les tromperies de tout genre,
la fraude et l'escroquerie. — Ils augmentent en
importance, s'ils sont accompagnés d'assurances
faites au nom de ce que l'homme a de plus sacré.
Le faux serment est un délit d'autant plus grave,
qu'il indique un manque complet de dignité morale, et que cet abrutissement n'étant pas supposé,
ces violences en deviennent plus dangereuses. Au
nombre des délits les plus graves contre la dignité
humaine, doivent être compris sous un certain
point de vue le sacrilége et le blasphème, puisque
les hommes se sentent humiliés par l'outrage
exercé envers l'Être-Suprême, pour lequel ils pro-
fessent une religieuse dévotion, lors même qu'ils
auraient la conviction que cet outrage ne saurait
l'atteindre.

Les violences exercées contre l'élément matériel de l'homme peuvent être divisées, selon qu'elles touchent à son propre corps ou seulement à
ses droits réels, en délits contre la personne et en
délits contre la propriété.

Le viol, l'enlèvement, la mutilation, la castra-
tion appartiennent à la première classe de ces violences, qui acquièrent d'autant plus de gravité qu'elles se compliquent d'un outrage à l'honneur. —

Viennent ensuite les délits contre la propriété, les vols de tout genre, le faux matériellement commis, et la destruction intentionnée de la propriété d'autrui.

Ces actes de violence peuvent être gradués, en raison de la dépravation dont le coupable fait preuve, et du danger qui en résulte pour autrui. C'est ainsi qu'un vol à main armée, ou avec effraction, est plus grave qu'une simple filouterie, parce qu'il indique, de la part du coupable, de plus grandes dispositions à la violence, et que celle-ci est plus à craindre. C'est pourquoi la récidive augmente sur-le-champ la gravité du délit, comme elle prouve que la même disposition vicieuse s'est invétérée dans l'individu (1).

Les attentats contre la sûreté de la société entière ont été considérés, de tout temps et dans tous les pays, comme étant de la plus grande importance, parce qu'ils exposent l'existence ou le bien-être d'un grand nombre d'individus. Il est résulté de l'importance de ce délit que l'intention y est plus sévèrement jugée que dans les autres, et qu'elle est réputée constituer à elle seule

---

(1) « C'est moins l'énormité d'un crime ou d'un délit qui constitue le plus haut degré d'immoralité dans un coupable, que l'habitude du même penchant. » (De la Justice criminelle en France, par *Bérenger*, p. 492.)

déjà un délit, connu sous le nom de conspiration ou de complot.

Par analogie de motif, les délits contre la propriété publique sont censés être plus importans que ceux contre la propriété particulière. En sorte que toute contrefaçon de la monnaie, des effets publics, du timbre, etc., est réputée plus grave que le faux qui ne concerne que les fortunes privées.

La classification des délits que nous venons d'indiquer n'est pas du reste combinée de manière à présenter des gradations suivies, et de telle sorte que le délit inférieur de l'une des catégories soit encore supérieur au délit le plus grave de la catégorie suivante. — Chacune d'elles, au contraire, comprend des gradations infinies de délits, dont les principaux ont une grande importance, et dont les moindres se perdent dans l'insignifiance.

L'élément spirituel et l'élément matériel se trouvant réunis dans l'homme, les violences dirigées contre l'un de ces côtés touchent en même temps à l'autre; en sorte qu'il n'existe pas même de séparation tranchée entre les trois classes de délits énumérées ci-dessus. C'est ainsi qu'une injure ne peut nous atteindre qu'à l'aide de quelque manifestation matérielle, de même qu'une violence, exercée contre la propriété de l'homme, affecte jusqu'à

un certain point le principe spirituel de celui-ci,
par la raison qu'il est incorporé au droit soumis à
la violence. — De cette manière, les délits seuls
qui se rapportent aux deux élémens de la nature
humaine dans leur réunion , appartiennent en
entier à la première classe. Dans les autres délits, il
y a lieu d'examiner si la violence prédomine tellement dans un sens, que l'autre n'entre pas en
considération , ou bien, s'ils tiennent aux deux
classes par chacun de leurs côtés : circonstance qui
complique essentiellement la classification des délits, puisqu'on est tenu de les apprécier sous deux
points de vue différens.

Les peines sont, comme nous l'avons dit, une
conséquence du principe de la rétorsion, ce qui ne
signifie pas qu'elles doivent être identiques au délit, puisque cette proposition mènerait à l'absurde
dans bien des cas; mais cela signifie seulement
que le même degré de violence qui se manifeste
dans le délit doit se retrouver dans la peine.

Il en résulte que si les délits peuvent être gradués dans un certain ordre, les peines doivent être
également susceptibles de classification, et qu'elles
doivent correspondre au nombre des catégories
que présentent les délits. — C'est ainsi que la
classification des délits, et celle des peines, ne sont
nullement un travail formel, ou le produit de

quelque système **abstrait** ; mais elles constituent l'essence même de la législation criminelle, dont le but se trouverait parfaitement atteint , si elles parvenaient à une exacte appréciation des violences, et à celle des peines qui doivent y correspondre.

La plus grande violence commençant au meurtre, la peine doit y commencer également; autrement, si la peine capitale était omise, les peines se trouveraient avoir un nombre de catégories inférieur à celui des délits.

En elle-même, la peine capitale serait ainsi motivée aussi bien que toute autre, puisque l'individu qui aurait suivi le principe qu'il est permis de détruire son semblable , ne subirait que les conséquences de ce même principe par la peine de mort. — La sécurité de la société présente un motif de plus pour en justifier l'application ; mais l'imperfection de la nature humaine fait naître des doutes sur l'admission d'une peine irréparable en cas d'erreur , et qui suppose ainsi l'infaillibilité du jugement judiciaire. Et comme c'est, au contraire, la possibilité de la méprise dans le jugement humain qui doit être présumée, il en résulte une contradiction intérieure insoluble ; aussi les discussions sur la peine capitale ne sau-

raient jamais arriver à une conclusion satisfaisante.

Comme parmi les délits que nous avons distin-
gués il en est qui portent atteinte à la dignité
morale de l'homme, la peine qui y correspond, et
qu'on nomme peine infamante, consiste aussi dans
la dégradation et l'avilissement de sa propre dignité.

Viennent ensuite, dans le même ordre que les
délits, les peines contre la personne, puis celles
contre la propriété. Les peines contre la personne
peuvent consister dans la mutilation, dans la restriction de la liberté par différens genres de con-
trainte, et dans l'expulsion du coupable de la société.
La mutilation est admise dans les législations qui
ont principalement en vue la terreur comme motif
accessoire; mais celles qui prennent en considération l'amélioration morale du coupable recourent
aux emprisonnemens, l'expérience ayant démontré
que la réclusion produit assez fréquemment ce
bienfaisant résultat.

Les peines contre la propriété seraient moindres
que celles contre la personne, si les unes et les
autres étaient également ou temporaires ou irrévocables. Mais comme les peines personnelles consistant dans la réclusion peuvent être passagères,
tandis que la confiscation du bien et les amendes
sont d'ordinaire irrévocables, ces dernières devien-

nent, dans bien des cas, plus onéreuses qu'une simple réclusion ; aussi la valeur réciproque des peines dépend-elle plutôt du degré de leur élévation que de la différence de leurs genres.

Les diverses peines que nous venons d'énumérer, sont motivées par des délits commis avec discernement et connaissance de cause. Mais il y a des violences qui arrivent par suite d'imprévoyance, de négligence, ou de défaut de discernement. Le tort ainsi fait au droit d'autrui autoriserait néanmoins à agir comme plus haut à l'égard de celui qui aurait causé le dommage. Et l'expérience ayant constaté que cette manière d'agir occasionnerait la destruction des propriétés ou leur porterait dommage, il devenait indifférent à l'individu ayant provoqué la rétorsion qu'elle s'accomplît effectivement, ou qu'on lui ôtât simplement une partie de sa propriété pour indemniser la partie lésée ; c'est ainsi qu'un dédommagement en faveur de celui qui a souffert par la négligence d'un autre se trouve motivé.

En outre des rétorsions provoquées par les violences de tout genre exercées à l'égard d'autrui , il existe encore une rétorsion de nature particulière : c'est celle qui consiste à témoigner à l'individu le même mépris pour sa dignité morale, que celui dont il fait preuve par ses propres actions. Si l'individu ne savait pas résister aux irritations de la chair, et se laissait entraîner à des vices contraires à la nature en souillant la pureté des relations de famille, ces vices prouveraient l'asservissement de l'esprit à la matière. Et si l'esprit, en prenant du développement, ne se relevait pas de cet abaissement; si l'individu n'acquérait pas le sentiment de sa dignité et restait livré à la domination de la matière, la société sentirait la dignité humaine outragée par cette dégradation d'un de ses membres, et témoignerait au coupable, par quelque peine honteuse, le mépris qu'il manifeste lui-même pour sa personne.

§ III. — Des Distinctions et des Priviléges.

Le fait que l'intelligence est identique en principe dans tout être humain, a produit la peine comme une de ses conséquences. Mais une conséquence ultérieure peut en être déduite encore. Non-seulement l'homme ne saurait contester à ses semblables la faculté de suivre les principes qu'il aurait adoptés lui-même, — degré de développement de la justice qui constitue la base du droit pénal, — mais il s'attend même que sa manière d'agir provoque, de la part des autres, des procédés analogues à son égard.

C'est ainsi qu'en prêtant son assistance à ses

semblables, il s'attend qu'ils agissent de même envers lui ; c'est ainsi qu'en exposant sa vie pour la société dont il fait partie, ou ayant bien mérité d'elle par une action quelconque, il prétend que son mérite soit reconnu et rémunéré (1).

Cette rémunération peut consister en avantages matériels, tels que biens ou propriétés de tout genre; mais comme ceux-ci sont limités de leur nature, et se trouveraient bientôt épuisés, les hommes ont imaginé d'y suppléer par des distinctions honorifiques, consistant en signes extérieurs ou en titres particuliers.

Ces distinctions ont été souvent décriées, parce qu'elles mettent en jeu une des faiblesses de la nature humaine, la vanité; et d'un autre côté, il y a des publicistes qui les ont défendues en les assimilant aux droits : dans l'un et l'autre cas, leur véritable nature a été méconnue.

Elles n'ont rien de commun avec la nature du droit, puisque s'il en était ainsi, on pourrait se les approprier par première occupation, de même que tout autre objet du droit. Mais dans ce cas,

____

(1) « Wenn nun Tugend im Staate nicht als Tugend belohnt wird, weil dies undenkbar ist, so geht das Recht des Staates zu belohnen nur auf Verdienste, welche der Bürger durch Kunst und Geschicklichkeit, mag sie nun aus Tugend oder andern Beweggründen entstanden seyn, sich erworben. » (Das philosophische Strafrecht v. *H. Richter.*)

elles perdraient toute valeur, et cesseraient d'être une distinction.

Comme nous l'avons déjà dit, les distinctions publiques n'ont, de même que les peines, d'autre base que le principe de la rétribution; seulement elles rendent en bien ce que les peines rendent en mal. Mais comme il y a des motifs accessoires qui influent sur la peine, il y a aussi de ces motifs en rapport avec les distinctions publiques. Leur véritable caractère consiste dans la rémunération et l'encouragement au bien; et elles sont ainsi calculées à produire de l'effet sur les sentimens les plus élevés de la nature humaine; mais il se pourra alors que leur action sur ces sentimens en excite d'autres tels que la vanité.

Il est certain néanmoins que le but des distinctions publiques serait manqué, si elles donnaient naissance à l'orgueil et à l'arrogance, qui, d'un autre côté, produiraient l'envie et la haine, puisqu'au lieu d'émulation, elles auraient ainsi introduit dans la société un principe de division.

L'encouragement que les actions bonnes ou utiles rencontrent dans la société humaine, peut être également accordé aux différentes directions que prend l'esprit de l'homme, pour satisfaire à ses besoins intellectuels et matériels. Cet encouragement a lieu, si les avantages matériels qui peuvent résulter d'une invention de l'esprit, sont assurés à l'individu qui, le premier, aura émis des idées fécondes en conséquences pratiques. — Lorsque l'autorité assure la jouissance de ces avantages, qui consistent principalement dans la faculté plus ou moins exclusive de répandre ses travaux scientifiques, littéraires ou industriels, ils se nomment priviléges.

Ce n'est qu'à ce point de vue que peuvent être appréciées la prétention des auteurs à la propriété exclusive des produits de leur intelligence, et les dispositions légales à l'égard de la contrefaçon des livres. Et c'est pourquoi la question se trouve faussée, dès qu'on veut la placer sur le terrain du droit proprement dit, comme la tentative en a été faite si souvent.

L'auteur a incontestablement droit à son manuscrit, si la matière première dont il se compose lui appartient ; mais les idées qu'il y a exprimées ne sauraient rester sa propriété exclusive. L'idée conçue par l'intelligence individuelle a la propriété de l'électricité, comme l'observe Hegel, puisqu'elle se communique instantanément à toutes les autres intelligences qui viennent en contact. Et cette idée devient ainsi leur propriété autant que celle de l'intelligence qui l'a exprimée en premier lieu. — La partie matérielle dont se compose un livre, les caractères de l'impression et le papier étant à la disposition de chacun, leur propriété ne saurait changer, soit qu'on reproduise ses propres idées ou seulement celles d'un autre. Quelle espèce de droit l'auteur aurait-il ainsi d'empêcher les autres de façonner à leur convenance les matières premières qui leur appartiennent, ou de reproduire des idées quelconques, puisque ces dernières ne sont pas susceptibles de devenir l'objet d'un droit? Mais comme dans un état social plus avancé, les travaux littéraires procurent des avantages matériels, il est conforme à la nature humaine que l'auteur cherche à s'assurer ces avantages à l'aide d'un privilége que la société lui garantit ; et elle s'y refuse d'autant moins, que les travaux de l'intelligence ont acquis de l'importance.

Les priviléges n'étant ainsi qu'un résultat de l'attention et de la protection que la société accorde au développement des différentes facultés humaines en raison de leur utilité véritable ou supposée, reposent sur la même base que les distinctions publiques, puisqu'ils consistent également dans la rémunération du bien par le bien. Il résulte de cette identité de but et de moyen que les distinctions honorifiques et les priviléges se confondent dans bien des cas, et que souvent on les voit indistinctement employés. Mais de même que les distinctions publiques peuvent donner lieu à des effets dangereux et pernicieux pour la société, de même aussi les priviléges lui deviendraient oné-reux, s'ils consistaient en exemptions des charges générales, ou en monopoles dépassant les bornes de l'utilité publique.

C'est ainsi qu'en procédant de l'idée du droit, et passant ensuite à celle de la justice, — qui n'est elle-même qu'une modification de l'idée du droit, — les développemens de cette idée nous ont amené au principe de la rétorsion du mal par le mal, puis à la rémunération du bien par le bien. Et nous avons cru caractériser cette double pro-priété par la dénomination de justice distributive, qui complète ainsi les développemens dont l'idée de la justice est susceptible.

Maintenant nous sommes arrivé au point où, ayant à nous occuper de la formation de la société humaine, nous verrons le principe spirituel qui anime les hommes se présenter d'une manière dif-férente. Au lieu de trouver son expression maté-rielle dans l'égalité, comme nous l'avons vu jus-qu'à présent, le principe intellectuel se présentera sous un nouveau point de vue : d'un côté, comme autorité ; de l'autre, comme dépendance, et pre-nant ainsi l'apparence de l'inégalité.

CHAPITRE V.

LE DROIT PERSONNEL.

§ I. — De la famille primitive.

Dans le développement de l'idée du droit tel que
nous l'avons suivi jusqu'à présent, les hommes se
sont présentés à nous comme des unités séparées
les unes des autres, et dont les rapports ne se for-
maient que par l'intermédiaire de leurs droits. —
Mais cet état de séparation n'est pas celui de l'existence primitive des hommes. Au contraire, le premier homme seul a pu naître en dehors de toute
relation sociale; les autres, en naissant au sein
d'une famille, se trouvent au milieu d'une société
déjà constituée; et leur faiblesse ne pouvant se passer d'un appui, ils restent plus ou moins de temps
auprès des auteurs de leurs jours, dont ils n'ont
ainsi la possibilité de se séparer que par la suite.

De cette manière, nous apprenons à connaître
l'homme sous un nouveau point de vue; et si nous
l'avons vu séparé de ses semblables à certains
égards, nous le voyons, à d'autres, en relation
avec eux, la société étant même l'état primitif et
nécessaire de son existence terrestre.

Ce fait est d'une grande importance lorsqu'on

étudie la société humaine, puisque les résultats seront nécessairement différens, si on prend pour point de départ l'homme tel qu'il existe dans la réalité, c'est-à-dire en réunion avec ses semblables, ou si on fait abstraction de ces rapports primitifs pour le considérer comme un être isolé d'origine. Dans ce dernier cas, tous les rapports de l'individu avec ses semblables paraîtront être uniquement le résultat spontané de sa volonté; et on perdra de vue cette circonstance, que les premières relations sociales sont, au contraire, imposées à l'homme par la nature, et qu'elles se confondent avec l'origine de son existence elle-même.

Posée ainsi, cette question n'est pas sujette à discussion; et cependant le contraire peut être inféré de la doctrine de la plupart des philosophes et des publicistes qui ont écrit sur l'origine de la société. Déjà Aristote a dit, en parlant de ce sujet : « La cité ou la société civile est le premier objet que « se propose la nature. Le tout est nécessairement « avant la partie. Les sociétés domestiques et les in- « dividus ne sont que les parties intégrantes de la « cité, toutes subordonnées au corps entier. » (Politique d'*Aristote,* traduite par Millon, t. I, p. 11.) — L'État est pris ici comme un produit tout achevé de la nature, au lieu d'être considéré comme le résultat d'un développement successif. Aussi Aristote lui-même reconnaît-il ailleurs que l'État se développe de son germe, la famille; et quoique la formation de l'État ne soit pas toujours telle, car il peut également provenir d'une réunion d'individus étrangers les uns aux autres, comme nous le montrerons au chapitre suivant, cependant la famille étant la source productive de ces êtres humains, c'est toujours elle qui est la cause génératrice de l'État, et vient ainsi avant lui, et dans l'ordre du temps et dans l'ordre des idées.

Tous les auteurs aussi qui placent l'origine de la société humaine dans une convention quelconque, méconnaissent la nature des rapports qui existent dans la famille, ou la perdent elle-même de vue. Une convention, soit générale, comme celle qu'on comprend sous la dénomination de contrat social; soit particulière, comme celle qui résulte des besoins individuels, est un acte par lequel commence seulement la réunion d'individus, séparés auparavant à l'égard de l'objet sur lequel ils s'accordent. Il s'ensuit que toute société qui commencerait par un contrat ferait supposer la séparation antérieure de ses membres. Supposition qui est inadmissible, du moins à l'égard du nouveau-né, puisqu'il se trouve en rapport avec ses parens avant qu'il lui ait été possible de s'en éloigner. De cette manière les premiers rapports de l'homme avec ses semblables au-

7

raient été perdus de vue; et néanmoins ces rapports primitifs doivent être nécessairement pris en considération, quand ce ne serait que pour en déterminer le degré d'importance.

Quelle que soit la différence dans le développement des facultés intellectuelles, la conformation extérieure ou la manière d'être des habitans des diverses parties du globe, il serait impossible de les supposer vivant, sur un espace donné de la terre, dans un entier isolement les uns des autres, puisque dans ce cas cette espèce du genre humain s'éteindrait bientôt. Partout les enfans naissent de l'union entre l'homme et la femme, et restent dans leur société, laquelle, réduite à ces proportions, se nomme famille.

La famille étant ainsi la première société possible pour l'homme, il importe d'examiner les rapports qui y existent, avant de procéder à l'étude de ceux qu'il contracte plus tard. Mais comme ils ne sont le produit spontané de la nature intime de la famille, que lorsqu'ils se trouvent en dehors de toute influence extérieure, il s'ensuit que ces rapports ne peuvent être reconnus dans leur pureté que dans la famille normale, c'est-à-dire dans celle dont le chef est indépendant de tout pouvoir supérieur, tâche d'autant plus praticable, que la réalité nous offre bien des exemples de ces pères de famille souverains.

Un sentiment de nature particulière et le besoin d'assistance intellectuelle et physique réunissent l'homme et la femme. Ce sentiment peut subir des modifications infinies : tantôt il dépasse en force tout autre mouvement de l'ame, tantôt il n'est qu'une simple sensation sensuelle ; plus il a d'intensité, plus il est exclusif. Mais dès que l'homme ne voit dans la femme que les charmes de l'extérieur ou les services qu'elle peut lui rendre, il lui est naturel d'en désirer plusieurs.

C'est ainsi que la monogamie et la polygamie sont la conséquence du plus ou moins d'empire que ces divers motifs exercent sur les différentes races humaines. Mais il est à observer que le caractère distinctif de l'union conjugale, — qui consiste dans l'unité de toutes les facultés intellectuelles et physiques de l'homme et de la femme, — par lequel elle diffère de l'union purement sensuelle des autres créatures, se perd dans la polygamie (1).

De cette union d'une ou de plusieurs femmes avec l'homme, naissent des êtres dénués de toute

___

(1) « Die Ehe ist wesentlich Monogamie, weil die Persönlichkeit, die unmittelbare ausschliessende Einzelnheit es ist, welche sich in dies Verhältniss legt und hingiebt, dessen Wahrheit und Innigkeit (die subjective Form der Substantialität) somit nur aus der gegenseitigen ungetheilten Hingebung dieser Persönlichkeit hervorgeht; diese

ressource, de tout moyen d'existence, et qui périraient infailliblement, si un sentiment profond ne portait les auteurs de leurs jours à leur donner les soins que réclame leur faiblesse. Mais ce n'est pas à la pitié ou à l'humanité seule que l'enfant est redevable de cette assistance qui assure sa vie. Un sentiment plus intime attache les parens à leur progéniture, car il se fait jour dans des cœurs endurcis, où toute autre affection est étouffée dans son germe.

Les premiers élémens de la famille se composant ainsi de l'homme, de la femme et des enfans, nous allons voir de quelle manière ces élémens se combinent entre eux.

§ II. — De l'idée du droit personnel.

L'homme se trouve, à sa naissance, comme nous l'avons déjà fait observer, dans un tel état de dénûment et de faiblesse, qu'il est incapable d'entreprendre aucun acte nécessaire à sa conservation; en sorte qu'il lui est impossible de continuer à exister par ses propres moyens. — Il le peut d'autant

---

kommt zu ihrem Rechte, im Andern sich selbst bewusst zu sein nur in sofern das Andere als Person d. i. als atome Einzelnheit in dieser Identität ist. » (Naturrecht v. *Hegel*. S. 174.) « Das Sittliche der Ehe besteht in dem Bewusstsein dieser Einheit als substantiellen Zweckes, hiemit in der Liebe, dem Zutraun und der Gemeinschaft der ganzen individuellen Existenz. » (Loc. cit. *Hegel*. S. 169.)

moins, qu'en naissant au sein d'une famille, qui pour subsister a dû étendre son travail sur tout ce qui l'entoure, il ne trouve plus rien à s'approprier dans son voisinage immédiat. Et pendant sa première enfance il ne peut pas même s'éloigner des auteurs de ses jours, encore moins aller prendre au loin possession de quelque objet. Mais il n'en sent pas non plus la nécessité, ce dont il a besoin lui étant fourni par ses parens.

Le père de famille en livrant aux siens les objets et les alimens nécessaires à leur existence, peut vouloir en conserver la propriété. En se transformant par le travail de la nature, ces alimens deviennent partie intégrante du corps de l'enfant, et comme le père de famille n'en a pas cédé la propriété à ce dernier, ils continueront à lui appartenir sous cette nouvelle forme.

Le droit, en subissant cette transformation, prend le nom de *droit personnel*, signifiant la propriété que l'individu possède au corps même d'un autre individu humain. Pris dans cette nouvelle signification, le droit personnel se distingue de l'autre sens, que nous lui avons vu présenter dans les chapitres précédens, en ce que dans ce dernier cas il n'indique que la propriété de son propre corps, par opposition au droit réel ou à la propriété des objets du dehors, dont du reste il ne diffère pas, même essentiellement. — Dans sa nouvelle acception au contraire, il signifie la propriété d'un corps humain étranger, et ce n'est plus qu'ainsi que nous l'entendrons en nous servant par la suite de l'expression de droit personnel.

Le droit personnel s'explique donc par la circonstance que l'individu conserve la propriété des objets qu'il a fournis à la consommation d'un autre, condition qui constitue l'idée de ce droit. L'intention dans laquelle ces objets ont été livrés, doit par conséquent être prise en considération. Mais l'intention de l'homme n'est perceptible que s'il la manifeste, et on chercherait vainement une manifestation expresse dans le cas dont il s'agit. On ne saurait ainsi apprécier la valeur de cette transaction que par le sens tacite qu'il est d'usage parmi les hommes d'y attacher. Signification qui se trouvera ainsi déterminée par l'esprit de l'époque, relativement à l'étendue du droit que le père de famille conserve aux objets livrés à l'enfant. Et cette étendue du droit personnel sera d'autant plus précise que la législation contemporaine en contiendra l'indication.

S'il est dans l'esprit de l'époque de considérer, qu'il est de l'intention du chef de famille de conserver la propriété entière des objets qu'il livre à la consommation des siens, son droit personnel à

l'égard de leur corps sera aussi étendu , aussi illimité qu'il l'a été parmi les Romains, et chez presque
tous les autres peuples, à l'époque primitive de leur
histoire. — Ce droit se trouvant de plus en plus
restreint par l'effet d'une autre idée , celle de la liberté, subira différentes conditions, entre autres
celle du temps où l'intelligence de l'enfant arrive
à son développement. Dans ce cas, le droit du père
sur la personne du fils ne sera que temporaire et
plus ou moins limité par la majorité de ce dernier.

Le droit personnel du père de famille sera d'autant plus exclusif, que les alimens qui ont servi
à la formation de l'enfant dans le ventre de sa
mère lui appartenaient déjà.

Elle-même subira les conséquences de ce droit.
— Car dans tout état social primitif, celui qui
prend une compagne en paie une rançon à son
père, ou à celui qui jusque-là avait autorité sur elle.
Ce prix donné pour la femme n'a d'autre signification que celle d'être un équivalent des objets qu'elle
avait consommés jusque-là : en sorte que l'époux,
en en restituant la valeur, est censé avoir racheté le
droit qu'un autre avait à la personne de la femme,
qui dès-lors passe en sa possession.

Le point de vue sous lequel nous présentons ici
le droit personnel étant nouveau, nous croyons
utile d'y joindre quelques considérations générales.

Nous désirons surtout qu'on ne se méprenne pas
sur le sens que nous y attachons , et qu'on ne s'arrête pas au degré où ce droit se présente dans toute
la sévérité de son abstraction extrême ; puisqu'au
contraire l'idée que nous y avons trouvée est susceptible de progression, et explique également l'autorité la plus rigoureuse , et celle qui s'est le plus
relâchée. — L'histoire prouve qu'une interprétation extrême du droit et des conséquences qui en
résultent, a été admise par tous les peuples de la
terre; mais elle nous montre en même temps que
cette interprétation se modifie par le mouvement
des idées. — En considérant la question uniquement sous le point de vue du droit, on pourrait
prétendre que la propriété se perd par la transformation que la matière du droit a subie en devenant
partie intégrante d'un autre corps organique. Mais
cette dernière circonstance ne constitue pas , à elle
seule , un argument plausible, puisque les corps organiques sont susceptibles de subir le lien du droit,
comme c'est le cas lorsque les bêtes deviennent la
propriété de l'homme. Ce n'est donc que par exception qu'on pourrait revendiquer en faveur du
corps humain la faculté de repousser le droit d'autrui, en motivant cette exigence par la supériorité
du principe intellectuel qui l'anime. Cependant
cette supériorité de l'intelligence constitue juste-

ment la base même du droit; et comme elle revient également à tout homme, il ne saurait y avoir de motif, résultant de la nature du droit, pour qu'un individu expulse de la substance matérielle une autre individualité pareille, à laquelle cette substance appartiendrait, et qui voudrait s'y maintenir.

Le motif qui permettrait à l'individu de se libérer du droit personnel étranger, ne saurait ainsi se rencontrer qu'en dehors de l'idée du droit; et en effet nous verrons plus loin, que le droit personnel est limité par l'action d'une autre idée, celle de la liberté. — L'idée du droit se trouvant ainsi en opposition avec une autre idée, la limite de leur action dépendra du degré de développement que chacune d'elles aura pris, c'est-à-dire de leur relation réciproque. Celle-ci varie selon les époques de l'histoire des peuples, et c'est ainsi que le droit personnel aussi se modifie en conséquence.

§ III. — De l'autorité et de ses différentes modalités.

Nous avons vu, en examinant au chapitre ı la nature du droit, qu'il se présente tantôt en état d'immobilité, tantôt comme mobile, et que son acquisition, de même que son exercice, ne s'opère que par le mouvement. Cependant ce mouvement se bornerait déjà à une simple indication de la voix, s'il s'agissait de l'exercice d'un droit relativement aux animaux domestiques qui auraient appris à connaître la signification de ce commandement. A plus forte raison, lorsque l'individu humain est devenu l'objet du droit, celui-ci peut-il être exercé par le commandement seul, qui prescrit à l'individu soumis au droit une action quelconque : l'exécution de ce commandement réalisera l'exercice du droit.

Nous voyons ainsi deux volontés humaines, dont l'une commande, l'autre obéit; dont l'une est supérieure, l'autre inférieure; en sorte qu'au lieu de rester d'une égale valeur spirituelle, elles présentent l'apparence de l'inégalité. Mais il est à observer que cette inégalité ne concerne pas le principe spirituel, considéré en lui-même, et qu'elle se rapporte uniquement à la matière. — En supposant le droit personnel dans toute sa vigueur, l'individu pourra faire mouvoir, en conséquence de ce droit, le corps d'autrui comme si c'était le sien, l'individu soumis à ce droit extrême n'ayant pas la propriété de son corps. C'est ainsi qu'une action quelconque étant commandée à l'individu qui se trouve dans la dépendance, celui-ci exécute la volonté étrangère, n'ayant pas le droit d'agir conformément à la sienne propre.

Le droit personnel, considéré comme faculté de

la volonté supérieure, se nomme autorité, et l'état de la volonté inférieure relativement à la première, se nomme soumission ou dépendance.

Le père de famille est d'autant plus dans le cas de diriger les actions de son fils mineur, que la volonté de ce dernier n'est pas réfléchie encore, et qu'alors ses actions pourraient devenir dangereuses autant pour lui-même que pour les autres.

La réflexion ne se forme que par la comparaison des choses et l'expérience, et comme l'enfant ne l'a pas acquise encore, il en résulte une différence naturelle dans l'intelligence des hommes. Cette inégalité paraîtrait contredire leur égalité spirituelle; mais la spiritualité n'est identique, ou d'égale valeur en tout homme, que par son essence seule. Son apparition extérieure dépend de l'organisation individuelle, du développement de cette organisation, d'influences locales et matérielles. Il s'ensuit, que quoique le principe spirituel soit toujours le même, il ne se manifeste pas de même; qu'il peut s'arrêter à une des gradations du développement par lequel il passe, qu'il peut s'obscurcir, et que souvent même il ne parvient pas à se manifester du tout.

Dans tous ces cas, l'essence spirituelle de l'individu humain reste d'égale valeur à celle des autres, mais comme il ne peut en faire le même usage, il se trouve à cet égard dans un état d'infériorité envers ses semblables. Pendant l'enfance de l'homme, et souvent même par la suite, cette inégalité est si grande, qu'elle ne permet pas à l'individu de se passer d'assistance intellectuelle. Celleci prend alors le nom de tutelle ou de curatelle, selon qu'elle se rapporte à la direction de la personne ou à celle de la propriété.

Plus l'intelligence est faible, plus elle est soumise aux influences matérielles (1). C'est pourquoi l'enfant se laisse déterminer plutôt par ses besoins et ses penchans ; mais comme ceux-ci n'ont pu prendre encore de force en lui, ses velléités passent aussi facilement qu'elles lui viennent, surtout lorsqu'il rencontre une volonté forte et motivée là où la sienne ne sait pas se décider encore. Il s'accoutume ainsi à ne prendre de détermination que lorsque la volonté de son père lui est connue, ou lorsqu'il peut présumer du moins qu'elle n'est pas contraire à la sienne, car il sait que dans ce cas il serait forcé de l'abandonner.

C'est ainsi que l'enfant prend l'habitude de la

---

(1) L'influence presque exclusive que Montesquieu et d'autres auteurs attribuent au climat sur les dispositions de l'homme, n'est motivée qu'en tant que le corps possède la prépondérance sur l'esprit. Cette influence se perd ainsi à mesure que l'esprit se développe et qu'il acquiert la prépondérance sur le corps, à son tour.

soumission (1) à une autre volonté. Mais le père de famille ne pouvant diriger toutes les actions des siens, leur donne des préceptes pour leur conduite en général. A mesure que ces règles de conduite cessent d'être l'expression de la volonté individuelle et changeante du père de famille et qu'il s'y conformera lui-même, aussi bien que ceux qui dépendent de lui, elles prendront un caractère de généralité et mériteront la dénomination de coutumes ou de lois.

Telle est l'origine de l'autorité législative; en grand comme en petit, son but reste toujours le même, celui d'introduire de l'uniformité dans les actions des membres d'une société.

Des causes de dissension existent dans chaque société; toujours il s'y présente des cas qui donnent l'éveil aux passions. Celles-ci, mises une fois en jeu, emportent facilement au-delà des bornes de la justice. Et comme les règles de conduite que le père de famille a données, représentent la justice, telle qu'il la conçoit du moins, son autorité serait méconnue si elles étaient violées. C'est pourquoi, dès qu'un acte de violence a été commis dans la famille, il lui importe de ramener le coupable, soit par la

---

(1) « L'homme respecte plus par habitude que par sentiment; il en est de même de l'obéissance. » (Institutions du droit de la nature et des gens, par le comte *de Rayneval*, p. 38.)

persuasion, soit par la rigueur, à l'observation de l'ordre établi. L'autorité mise ainsi en usage pour maintenir l'autorité législative se nomme, considérée sous ce point de vue, autorité judiciaire.

L'autorité législative et la judiciaire, qui sont une conséquence du droit personnel, concernent le corps humain et ses actions. Réunies, elles se nomment autorité temporelle, par opposition avec une autre autorité, celle qui se rapporte principalement au côté spirituel de l'homme, et qui se nomme, par cette raison, autorité spirituelle. — Mais le côté spirituel et le côté matériel ne se laissent pas séparer dans l'homme; et c'est pourquoi les deux genres d'autorité que nous venons d'indiquer, ont, chacune, plus ou moins égard aussi à l'autre côté de la nature humaine.

L'autorité spirituelle est la conséquence de la tendance de l'esprit à chercher la vérité en dehors de lui-même. Il apprend cette vérité par une transmission, que tous les peuples croient émaner d'un Être Suprême. Le chef de famille primitive, ayant foi en ces vérités divines, et étant convaincu que leur observation seule peut conduire au bonheur présent et futur, les transmet, telles qu'il les a apprises lui-même, à ceux qui dépendent de lui. Il leur fait également suivre les rits, qu'il a trouvés établis pour le culte de l'Être Suprême, et revêt ainsi le caractère sacré du pontife.

La vérité divine n'arrivant à la connaissance de la famille que par l'intermédiaire de son chef, il s'ensuit que la doctrine qu'il professe devient celle des autres membres de la famille. Cette doctrine, en se rapportant aux principales manifestations de l'intelligence, est une cause d'harmonie et de concorde parmi ceux qui partagent ces mêmes croyances, — dont la source se trouve dans l'enseignement par transmission. Cet enseignement fera autorité, surtout dans les cas nouveaux ou douteux ; c'est ainsi que l'autorité spirituelle s'élèvera sur cette base.

§ IV. — De l'unité de la famille primitive.

L'autorité spirituelle et l'autorité temporelle consistent ainsi en influences, qu'une intelligence exerce sur l'autre, et en droits plus ou moins étendus, qu'un individu possède sur le corps de l'autre. Mais l'autorité se trouve en opposition avec la tendance de la nature humaine à former un tout complet en lui-même. Cette tendance à se libérer d'influences ou de liens extérieurs, qu'on a nommée liberté, n'est qu'une lutte perpétuelle contre les rapports qui se forment dans la société humaine. Lutte d'autant plus vaine, que ces rapports sont fondés dans la nature humaine elle-même, en sorte qu'il en résulte une

contradiction qu'on s'est vainement efforcé de résoudre dans l'un ou l'autre sens, ainsi que nous le
verrons plus loin.

Ce que le contact de l'autorité avec la liberté
individuelle produit d'âpre, se trouve mitigé dans
la famille par l'effet du sentiment. Les soins et
l'affection, dont l'enfant est l'objet, réveillent
en lui la piété filiale; mais la grande supériorité
des facultés intellectuelles et physiques de son
père lui inspirent la crainte et le respect, et son
pouvoir lui paraît irrésistible, puisque sa mère et
ses frères s'y soumettent également. — L'état de
dénûment de l'enfant a une longue durée, et il
prend insensiblement l'habitude de la dépendance
de celui qui toujours lui commande et qui toujours pourvoit à ses besoins. L'habitude exerce une
influence incalculable sur la nature humaine,
et l'enfant, devenu grand, s'est fait imperceptiblement à un état de dépendance. Il apprend à apprécier la valeur des bienfaits qu'il a reçus de son
père, et la reconnaissance vient encore augmenter
la force de son attachement, en lui inspirant une
confiance illimitée en celui qui ne veut que son
bien. Il conçoit une haute opinion de la sagesse
de son père, car dans l'état primitif de la société,
l'expérience est le résultat de la réflexion individuelle, que l'âge seul peut amener à une certaine

maturité. Le fils se soumettra ainsi volontiers à la direction d'une sagesse éprouvée, dont les prévisions ont souvent été confirmées par la suite.

C'est ainsi que la piété et la confiance, le respect, l'exemple des autres et l'habitude, d'une part ; de l'autre, les mêmes sentimens d'affection et de confiance unissent les membres de la famille. Un autre motif, le besoin d'assistance réciproque, s'y joint aussi. En sortant de l'enfance, les fils trouvent encore de l'avantage à rester auprès de leur père et à prendre part à son avoir, au lieu d'aller en chercher au loin. D'un autre côté, le chef voit aussi sa puissance grandir, à mesure que le nombre de ses descendans augmente, et il ne craint plus la vieillesse, qui, à son tour, lui rendra nécessaire l'assistance d'autrui, car la faiblesse de l'homme ne lui permet que rarement de se passer de l'appui de son semblable.

Les différens liens de famille que nous venons d'indiquer, considérés en eux-mêmes, ne sont pas du ressort de la science de l'État. Il suffit que la généralité de leur existence soit mise hors de doute, par des manifestations compréhensibles à chacun, communes à tous les peuples, et modifiées seulement dans leur expression extérieure par les coutumes particulières à chaque pays. Le publiciste ne s'occupe que des effets dont ils sont la cause.

Ces effets aboutissent au même résultat, celui de neutraliser les causes qui pourraient affecter l'unité de la famille et de resserrer cette unité de manière que les individus qui composent la famille se considèrent comme parties du même tout, comme une seule masse indissolublement liée (1), ou, pour l'exprimer avec plus de justesse, la pensée même d'une séparation du reste de la famille ne peut se présenter que forcément à l'un d'eux.

L'autorité du père de famille s'appuyant encore de tant de motifs d'affection, de piété et de besoins, le fils se sentira difficilement porté à s'élever contre elle, quand même elle deviendrait oppressive. Et une rupture avec les siens lui apparaissant comme un acte sacrilége, il ne pourra s'y déterminer qu'à la dernière extrémité. Si néanmoins elle avait lieu, si un des fils quittait pour toujours la famille, elle ne subirait d'autre modification, par la perte de ce membre, qu'une diminution de son nombre.

La supposition de conventions explicites ou ta-

---

(1) On a longtemps considéré, en Russie, le père et les enfans comme indissolublement unis. C'est ainsi que les enfans étaient condamnés par l'ancienne législation russe à la peine de mort dans le désert (peine qu'on nommait *potok*), avec leur père, si celui-ci avait commis un meurtre sans qu'une querelle y eût donné lieu. — Nous citerons aussi une convention conclue au commencement du XIIIᵉ siècle, entre Novgorod et les habitans de l'île de Gottland, où il était stipulé, que les enfans devaient être vendus avec le père, si ce dernier ne pouvait pas satisfaire ses créanciers.

cites, par lesquelles il serait stipulé jusqu'où l'autorité du chef pourrait s'étendre, et qui ne feraient dépendre l'obéissance des enfans que de l'observation de certaines conditions de la part du père, est donc évidemment inadmissible dans la famille normale. Car le contrat ne forme pas nécessairement la base de tous les rapports sociaux, comme le supposent ceux qui ne les expliquent que par un contrat, soit général, soit particulier (1).

Par le contrat les hommes s'accordent sur un objet quelconque, à l'égard duquel ils sont libres de manifester leur volonté. Si l'étendue de l'autorité du père de famille était susceptible d'être déterminée par un contrat conclu au sein même de la famille, il faudrait en inférer, qu'à cet égard , les individus qui la composent sont primitivement libres ou séparés les uns des autres. Et néanmoins le contraire existe dans la famille, puisque l'autorité n'y provient que de son unité originelle.

Ce n'est donc que lorsque les fils auraient été séparés de leur père par une raison quelconque, qu'il serait possible qu'un pareil acte conditionnel vînt à régler leurs nouveaux rapports , s'ils vou-

---

(1) « Im 17ten Jahrhundert wollten die Coccejaner die ganze Religion aus einem Vertrag zwischen Gott und dem Menschen ärklären. » (*Hugo*, l. c. p. 384.) Leibnitz fut un des premiers à douter de cette omnipotence du contrat. (Voyez *Hugo*, l. c. p. 383.)

laient se réunir encore. — Mais alors la famille normale aurait subi une altération complète, puisqu'au lieu d'un droit personnel rigide, c'est le contrat qui en constituerait la nouvelle base.

Les hommes ne pouvant naître que de l'union de l'homme et de la femme, et ne pouvant exister dans l'isolement, au moins durant la première partie de leur vie, il s'ensuit que la famille est une société nécessaire, fondée sur les conditions mêmes de la nature humaine. Mais les rapports qui se forment dans la famille ayant leur source dans les besoins, les sentimens et les idées des hommes, se laissent déterminer par ces motifs (1). Cependant comme la nature humaine est la même dans son essence, malgré les différences matérielles qu'on y remarque, il s'ensuit que la famille présenterait constamment les mêmes traits caractéristiques, si d'autres circonstances ne venaient la modifier ; et il nous reste à nous occuper de ces modifications que la famille primitive peut subir.

------

(1) « Je südlicher gelegen ein Land, je reicher beschenkt also dessen Bewohner von der Natur sind, je weniger tief im Gemüth gegründet findet sich die Liebe welche die Familie bindet! Je leichter der einzelne Mensch eine Basis seiner Subsistenz gewinnt, je leichter reisst er sich von der Familie los. — *Anmerk.* Man vergleiche Italien und Deutschland. Man muss Länder vergleichen wo ungefähr dieselben Thätigkeiten nähren, denn die Nahrungsweisen verändern die Sache ; ein Nomade ist allezeit auch in südlicheren gegenden strenger an das Familienverhältniss gewiesen. » (Studien und skizzen, etc., v. *Leo.* S. 51.)

CHAPITRE VI.

LES DIFFÉRENTES FORMES SOCIALES.

§ I. — De l'état patriarcal.

Jusqu'à présent nous n'avons considéré la famille que dans son expression la plus simple, lorsqu'elle n'est composée encore que du père, de la mère et des enfans. Cependant elle ne reste pas stationnaire, elle s'accroît ou se diminue, et subit ainsi certaines modifications.

La mort peut moissonner les individus dont la famille se compose, avant qu'ils se soient multipliés; mais la famille qui n'aurait pas été détruite ainsi, prend toujours plus de développement, puisque les enfans grandissent, et deviennent pères à leur tour.

Cependant l'augmentation de la famille ne peut atteindre qu'à un degré de développement peu considérable, sous le même chef, quand même il vivrait assez longtemps pour voir plusieurs générations de ses descendans. Sa mort peut devenir pour eux un signal de séparation pacifique ou violente.

Elle sera pacifique, si le partage de l'héritage se fait à l'amiable par eux-mêmes, ou par le père,

de son vivant encore. On a vu au chapitre II que
le droit est susceptible d'être transféré d'un individu à un autre, et le père de famille serait libre
ainsi de céder ses droits de premier occupant à qui
que ce soit. Comme cependant ses enfans auraient
été premiers occupans de sa propriété, s'il était
mort sans en avoir disposé autrement, parce qu'é-
tant le plus à portée, ils s'en seraient saisis avant
les autres, il y aurait de la dureté à frustrer leurs
espérances et à renverser un ordre indiqué par la
nature des choses. Le chef ne serait d'ailleurs tenté
de le faire, que dans le cas, où un étranger lui
fût devenu plus cher que sa propre famille, circonstance qui ne peut se rencontrer que par exception. — Dans le partage qu'il fera de sa propriété aux siens, il se laissera guider par différentes
considérations, qui varient selon le genre de vie,
les localités et la manière de voir des hommes (1).

---

(1) « Le P. Duhalde dit que chez les Tartares, c'est toujours le
dernier des mâles qui est l'héritier, par la raison qu'à mesure que les
aînés sont en état de mener la vie patriarcale, ils sortent de la maison avec une certaine quantité de bétail que leur père leur donne, et
vont former une nouvelle habitation. Le dernier des mâles qui reste
dans la maison avec son père est donc son héritier naturel. J'ai ouï
dire qu'une pareille coutume était encore observée dans quelques
petits districts d'Angleterre. C'est sans doute une loi pastorale venue
de quelque petit peuple breton, ou portée par quelque peuple ger-
main. » (*Montesquieu*, De l'esprit des lois, t. II, p. 130.) — La même
coutume se retrouvait en Russie bien avant l'invasion des Tartares,
et existait, plus ou moins modifiée, parmi les races germaniques. —
Le vieux poëte normand Robert Vace, ainsi que l'annalyste Willel-

Mais la séparation de la famille sera violente, si les dissensions y donnaient lieu.

Dans l'un et l'autre cas le résultat de la séparation serait le même, puisque l'unité de la famille ayant été rompue, son développement dans ce sens aurait été arrêté.

Mais en approchant du terme de sa vie, le chef réfléchira à l'avenir des siens. S'il les voit dans la prospérité, et que par leur nombre et les biens qu'il leur laisse, une existence facile et indépendante leur soit garantie, il voudra assurer la durée de cet état de choses. Dans ce but, il tâchera de maintenir les rapports de la famille tels qu'ils existent, et l'idée lui viendra ainsi de se faire remplacer auprès des siens, en nommant un successeur à toutes ses attributions.

Libre de disposer de sa propriété, le père de famille pourra faire donation à son successeur de tous les biens meubles et immeubles qu'il laisse après lui. Par la même raison, il pourra transférer ses droits sur les objets qui constituent la base de son autorité, et dont il avait conservé jusque-là la propriété. Car nous avons déjà fait voir que cette pro-

---

mus Gemmeticensis (lib. I. cap. 4. 5. ap.) disent que le père obligeait d'ordinaire ses fils à le quitter lorsqu'ils étaient devenus grands, à l'exception d'un seul. Saxo Grammaticus dit la même chose. (Lib. IX. p. 264.)—Voyez *Eckendahl*, Geschichte des Schwedischen Volks und Reichs, t. I. p. 270.

priété ne diffère en rien des autres droits, conformement aux idées de certaines époques.

Le père de famille ayant transmis la base matérielle de son autorité à son successeur, celui-ci se trouvera à même d'exercer les différentes fonctions législatives et judiciaires qui en découlent. L'autorité spirituelle est également susceptible d'être transmise, puisque la science et la doctrine peuvent l'être. Et le reste de la famille s'y soumettra d'autant plus volontiers, dans le cas où le chef déclarera que son successeur est initié aux connaissances qu'il possède lui-même sur les choses divines et humaines. Cette transmission de l'autorité spirituelle aurait encore plus de valeur, si la doctrine religieuse était enveloppée de mystères qui ne seraient intelligibles qu'à celui qui y aurait été initié.

C'est ainsi que rien n'étant changé par la mort du chef aux rapports extérieurs de la famille, aucun de ses membres ne sera dans l'obligation de s'en éloigner, puisqu'ils pourront continuer leur genre de vie accoutumé, et qu'ils trouveront tous les mêmes moyens d'existence auprès de son successeur. — Il ne pourrait donc y avoir de modification que dans leurs rapports de sentimens. Cependant il est à remarquer, que les liens de sentimens qui attachent l'homme à celui dont dé pend son bien-être terrestre, ont leur origine dans un sens religieux. Ils augmentent en intensité avec la dépendance, et sont distincts des autres sentimens; mais néanmoins la personnalité y influe, en tant que la haine ou la défiance peuvent les neutraliser, tandis que l'affection, la confiance, y ajoutent une nouvelle force.

S'étant décidé à nommer un successeur, pour être remplacé auprès des siens, le chef ne suivra que l'impulsion de sa prédilection particulière pour l'un d'eux, ou bien, ayant en vue principalement le bien de tous, il aura égard à la sagesse supérieure du plus âgé (1). Ou bien encore, prenant en considération que son fils aîné aurait été le plus ancien, s'il avait vécu, et que le fils de celui-ci succèderait ensuite, si cet ordre naturel n'avait pas été interverti par une mort prématurée, il se décidera pour ce dernier mode de succession, quand même il en résulterait quelque inconvénient, par suite de l'inexpérience du jeune chef.

---

(1) Presque tous les peuples ont suivi un pareil ordre de succession, à une époque peu avancée de leur développement social, et dans la plupart des pays de l'Orient il est en vigueur jusqu'à nos jours. En Russie, le fils du dernier monarque cédait constamment le pas à son oncle jusqu'à l'année 1389, que cet ancien ordre de succession fut aboli par un traité conclu entre le grand-prince Dimitry et son cousin-germain le prince Wladimir; ce dernier, ayant reconnu son neveu Bazile comme *frère aîné*, lui abandonna ses droits au trône de la grande-principauté. (Histoire de Russie par *Karamzin*, t. V. p. 100.)

Ainsi nommé, sans être astreint à aucune condition, le successeur pourra, à son tour, librement disposer de son héritage; en sorte qu'aucune règle de succession ne sera observée dans la famille. Mais si pour la nomination de son successeur le dernier chef adopte de plein gré, ou par suite de la substitution faite par son prédécesseur, le même motif qui a amené sa propre nomination, un ordre de succession régulier quelconque s'introduira dans la famille et passera dans ses mœurs.

La stabilité dans la succession des chefs devient un noyau solide, auquel viennent aboutir tous les intérêts matériels de la famille, et qui maintient son unité dans le moment le plus critique, celui où elle change de chef.

Dès que la famille s'est agrandie au point que le même toit ne peut plus abriter tant d'individus à la fois, ses domiciles doivent se multiplier. La nécessité de se séparer devenant évidente, il ne peut y être procédé qu'arbitrairement, eu égard au nombre des individus, ou d'une manière facile et naturelle, d'après la liaison qui existe déjà entre eux, c'est-à-dire par familles.

Mais l'autorité du chef supérieur continuera à se maintenir dans toute son étendue sur ces familles détachées de leur souche, si les idées sur le droit ne se sont pas modifiées dans la société dont nous parlons ; puisque la séparation des habitations ne saurait, à elle seule, y apporter de changement. Si l'autorité du chef était portée aux dernières conséquences qui découlent du droit personnel pris dans toute sa rigueur, elle s'étendrait aux personnes et à la possession des individus qui dépendent de lui, et ils ne seraient pas même libres de disposer de leur activité, de leur travail. Un tel état de dépendance devient plus onéreux, à mesure que la société s'agrandissant, les liens du sentiment ne tempèrent plus aussi efficacement que dans la famille simple, ce qu'il y a de rigoureux dans les rapports sociaux. D'un autre côté, l'autorité du chef continuant à être la même, il l'exercera avec moins de ménagement à l'égard d'individus qui lui sont devenus presque étrangers, surtout si l'esprit de l'époque ou du pays lui permet d'en user arbitrairement. Une dépendance aussi extrême se nomme esclavage. — Mais quelle que soit l'étendue de l'autorité à laquelle sont soumises les familles secondaires, les rapports intérieurs de celles-ci se trouveront essentiellement modifiés, en raison de la dépendance de leurs chefs à l'égard d'un chef supérieur.

Par suite de la séparation des domiciles, l'autorité de ce dernier sera moins minutieuse, par l'impossibilité où il se trouvera d'entrer dans tous les détails des familles particulières, à mesure que leur nombre devient plus considérable. Elles reviendront ainsi à des rapports plus exclusifs avec leurs chefs immédiats ; — mais dans les cas plus importans, son autorité fera place à celle du chef supérieur, dont il dépend lui-même. — C'est ainsi qu'il maintiendra parmi les siens l'observation des règles de conduite qui existent dans la société ; mais s'il se présente des cas nouveaux , il appartiendra au chef supérieur seul de les déterminer, puisqu'autrement la généralité et l'uniformité des coutumes pourraient être rompues.

D'un autre côté , si le père de famille n'avait pas su empêcher les actions déréglées de ceux qui dépendent de lui, il perdrait le droit de les comprimer, dès qu'elles seraient devenues nuisibles au reste de la société. Dans ce cas, il pourrait en être rendu responsable lui-même, en raison de la rigueur que l'interprétation du droit personnel a acquise, puisqu'alors la famille entière est considérée ne former qu'une seule masse, dont les actions sont solidaires. — Et il s'ensuit, que le père de famille étant lui-même partie intéressée aux actes de violence commis par les siens , on ne saurait s'attendre qu'il leur applique avec impartialité le principe de la rétorsion , et qu'il exerce ainsi la justice à leur égard. — Mais en perdant l'autorité législative et l'autorité judiciaire, du moins en ce qui en constitue la partie la plus importante, les pères de famille secondaires ne seront pas en possession non plus de cette partie de l'autorité spirituelle, qui se rapporte au culte de l'Être Suprême et aux mystères de la religion, si elle ne leur est expressément transmise, puisque l'autorité spirituelle n'a d'autre base que la transmission.

Il résulte de ce que nous venons de dire, que l'autorité est susceptible d'être fractionnée, et que ce cas arrive effectivement dès le premier développement de la société humaine.

Lorsque le chef supérieur conserve la propriété des terres, dont il n'accorde que l'usufruit aux familles qui se trouvent dans sa dépendance (1),

---

(1) Le professeur Strahl dit, dans son Histoire de Russie : « Die Pravda (Recueil d'anciennes lois russes) erwähnt nur des Erbrechtes in Bezug auf den beweglichen Nachlass und übergeht das immobile Vermögen mit Stillschweigen, wahrscheinlich weil bei der Menge des unbenutzten Grund und Bodens, die Theilung der Erbgüter überflüssig war und das viele öde liegende Land nur urbar gemacht zu werden brauchte, um zu neuen Niederlassungen benutzt zu werden, oder weil der Besitz des Bodens noch gemeinschaftliches Familiengut war. » (Geschichte des Russischen Staats, v. *P. Strahl*, t. I. S. 408.) — Cette dernière supposition est probablement juste, en tant que le sol pouvait appartenir au plus ancien de la famille et que les autres membres n'en avaient que l'usufruit. Mais quoi qu'il en soit, toujours est-il certain que, jusqu'à nos jours, le système des fermes n'est pas d'usage en Russie, et que le seigneur est souvent obligé par les paysans eux-mêmes de faire un nouveau partage des terres qui leur sont allouées.

Il existe du reste d'autres témoignages historiques qui mettent hors de doute la question dont il s'agit ici. Tacite et César nous ap-

celles-ci restent auprès de lui, et forment ainsi, selon leur genre de vie, soit une tribu nomade, soit un village, et par la suite un bourg et une ville (1).

---

prennent que cette coutume était en usage parmi les peuples de la Germanie. — Tacite dit au chap. XXVI de son célèbre ouvrage sur les Germains : « Agri pro numero cultorum ab universis per vices (ou comme d'autres lisent, *per vicos*) occupantur, quos mox inter se secundum dignationem partiuntur. » César (De bell. german. lib. IV) dit : « Sed privati ac separati agri apud eos (Suevos) nihil est : neque longius anno remanere uno in loco incolendi causa licet. » Et en parlant des Germains en général, il observe (loc. cit. lib. IV) : « Haud quisquam agri modum certum, aut fines proprios habet; sed magistratus et principes in annos singulos gentibus cognationibusque hominum, qui una coïverunt quantum eis et quo loco visum est attribuunt agri, atque anno post alio transire cogunt. »

L'historien Lingard certifie, d'un autre côté, que cette coutume patriarcale a été générale dans toute la Grande-Bretagne : « Gravelkind is that species of tenure by which lands descend to all the sons equally, and without any consideration of primogeniture. It prevailed in former ages among all the British tribes, and some relics of it, in an improved form, remain in England even at the present day. Among the Irish it existed as late as the reign of James I and still retained the rude features of the original institution. While it excluded all the females, both the widows and the daughters, from the possession of Land, it equally admitted all the males without the distinction of spurious or legitimate birth. Yet these did not succeed to the individual lands held by their father. At the death of each possessor the landed property of the sept was thrown into one common mass : a new division was made by the equity or caprice of the Canfiny, and their respective portions were assigned to the different heads of families in the order of seniority. » (A History of England, by *Lingard*, t. II, p. 95.)

(1) « La société qui s'est ensuite formée de plusieurs maisons, s'appelle hameau, et ressemble parfaitement à la première société naturelle (la famille), à cela près qu'elle n'est ni de tous les momens, ni d'une fréquentation si continuelle. Elle renferme les enfans et les petits-enfans, tous nourris du même lait. C'est en quelque sorte une colonie tirée de la première par la nature. » (Politique d'Aristote.) — « Derjenige Ort, wo sich eine (slavische) Familie aufhielt, hiess mit dem dazu gehörigen Gehöfte Wies, ein Wort omit jetzt mehrentheils ein ganzes Dorf benannt wird, und eigentlich einen Platz bedeutet.

Cependant la famille ne peut pas s'étendre indéfiniment en continuant à rester réunie. Lorsque les travaux indispensables à son existence se trouvent entravés par une agglomération trop considérable d'individus sur un seul point, le moment de sa séparation devient inévitable. Et ce moment lui-même se trouve déterminé par la nature des occupations de la société et le degré de son développement intellectuel. C'est ainsi qu'une réunion de pasteurs, vivant de l'entretien de troupeaux, ou une réunion d'agriculteurs, ne peut pas s'agrandir autant sur un seul point, qu'une réunion d'hommes subsistant de commerce, de métiers, etc.

Il est évident par là que la grandeur d'une réunion d'hommes dépend de différentes circonstances, de la bonté du sol, de la convenance des localités, etc. Mais lorsqu'elle a dépassé les limites que la nature des choses lui assigne, il en résulte un malaise et une gêne pour tous ses membres, et la nécessité d'une séparation se fait sentir.

Ceux qui ont le moins à perdre en quittant le chef-lieu, et qui ont le plus à souffrir de son trop d'agrandissement, c'est-à-dire les individus les

---

Der ganze District wo sich ein Stamm lagert, ward Miasto genannt und bezeichnet jetzt eine Stadt, eigentlich aber jeden ort, und ward vielleicht ordentlich abgesteckt. » (Uber der alten Slaven Ursprung, Sitten, etc., v. *D. Anton.* S. 97.)

plus indigens, ou les mécontens, par quelque raison que ce soit, seront les plus disposés à former un nouvel établissement.

L'émigration peut se faire aussi d'une manière différente. Lorsque plusieurs familles se trouvent réunies, chacune d'elles ne forme plus une masse aussi compacte que la famille isolée, puisqu'une augmentation de sécurité, une diminution du besoin d'assistance, les localités mêmes séparent plus facilement leurs membres. Si cependant une grande force d'adhésion, fondée sur les coutumes, maintenait la connexion entre les individus des différentes branches de familles agrandies, ils formeraient au milieu de celles-ci une société à part, laquelle, se sentant gênée dans son développement ultérieur, quitterait l'endroit, comme un essaim sortant d'une ruche, pour se domicilier plus loin.

L'une et l'autre de ces colonies pourraient conserver leurs rapports avec la tribu-mère, surtout, si elles se sentaient trop faibles pour vouloir même sortir de leur état de dépendance (1). Mais si elles

---

(1) Toutes les anciennes villes, en Russie, avaient des villes filiales, nommées *prigorod*, qui étaient leurs colonies. C'est pourquoi elles étaient censées faire partie de la ville-mère, comme leur nom l'indique déjà, quoique souvent elles en fussent à de grandes distances. Cette circonstance offre l'explication du singulier fait, qu'en Russie les villes tenaient compte de leur ancienneté et y attachaient une grande importance, de même que les familles. C'est ainsi qu'à la mort du grand-prince de Wladimir André (1174), les habitans de

trouvent la sûreté et les moyens d'existence dans leurs propres ressources, il sera possible que ces rapports se modifient ou se relâchent au point, que leur durée vienne à dépendre de circonstances fortuites, de la distance de leurs établissemens, de la fréquentation des mêmes temples ou lieux sacrés (1).

Lorsqu'enfin les tribus multipliées se sentiront trop à l'étroit dans la contrée, les plus resserrées feront un effort pour s'étendre violemment aux dépens des autres ; ou bien, ne pouvant y réussir, elles quitteront elles-mêmes le pays, pour chercher d'autres régions moins surchargées d'habitans.

Mais si la famille qui s'est développée ainsi, con-

---

l'antique ville de Rostoff traitèrent la ville de Wladimir de prigorod, quoiqu'elle leur fût supérieure en puissance, et prétendirent qu'une ville d'origine aussi récente était indigne d'avoir un prince et devait se contenter d'un gouverneur. Les habitans de Wladimir ne surent se défendre de pareilles accusations qu'en alléguant faussement que c'était le premier Wladimir qui était fondateur de leur ville, et que par conséquent son origine était ancienne.

(1) Tel était le faible lien qui unissait les tribus slavonnes entre elles. Leurs chefs, se trouvant réunis en quelque lieu consacré au culte des dieux, délibéraient ou prenaient des mesures en commun. Mais comme aucun de ces chefs indépendans n'était tenu d'obéir aux autres, la force seule dictait leurs décisions. *Dithmar* de Mersebourg, en nous donnant la description d'une assemblée pareille tenue dans le temple de Rethre (dans le Mecklembourg), dit que les puissans y faisaient donner des coups de bâton à ceux qui différaient de leur avis, et se vengeaient ensuite par le fer et le feu de l'opposition qu'ils avaient éprouvée, en imposant de plus à leurs adversaires des amendes en punition (Chronicon l. VI. p. 151). Cependant, il est évident que des liens semblables ne sauraient avoir de durée, et qu'ils doivent se rompre entièrement ou prendre plus de consistance. L'histoire de la Grèce nous offre un exemple de ce dernier cas.

tinue à rester unie sous le même chef, malgré l'éloignement de ses domiciles et de ses établissemens, elle pourra prendre une extension dont il est impossible de déterminer les limites.

Cependant ce n'est pas par la génération seule que la famille peut s'accroître, elle peut s'augmenter aussi par l'admission d'étrangers. Si le nouveau venu y était amené par le besoin d'assurer son existence, s'il n'obtenait la main d'une des filles de la famille, qu'à la condition d'en faire partie, ou s'il y était admis par un autre motif quelconque, les coutumes établies dans la famille ne sauraient être changées à cause du nouveau venu. Il ne lui resterait ainsi d'autre choix que de s'y soumettre et de reconnaître l'autorité du chef, telle qu'elle est constituée. De cette manière l'autorité du père de famille, à son égard, ne sera plus une conséquence du droit personnel, mais résultera de la volonté même du nouveau venu. La position de ce dernier pourra être assimilée à celle d'un fils de la famille (1), et si cette assimilation est expressément énoncée, elle se nomme adoption.

Outre l'accroissement par génération ou par l'admission d'étrangers, de leur plein gré, la famille

______

(1) Les guerriers qui entouraient les boyards en Russie ne portèrent pas d'autre nom pendant des siècles, que celui d'*enfans de boyards* (déti boyarskie), quoiqu'ils leur fussent entièrement étrangers.

peut s'agrandir aussi par des moyens de violence. Une tendance innée portant l'homme à étendre ses moyens et ses facultés à l'infini, le moment arrive nécessairement où il en vient à se trouver en contact avec les droits d'autrui. La justice commande de s'arrêter alors; mais il peut la méconnaître et avoir recours à la force pour s'étendre plus encore. L'agresseur en ayant appelé à la force, la partie adverse restera dans les bornes de la justice, en repoussant également la force par la force.

La certitude de rencontrer cette défense, aussitôt qu'une trop grande disproportion de moyens ne la rend pas impossible, constitue déjà une garantie du droit individuel. Garantie qui acquiert plus d'importance dans la famille, surtout lorsque la coutume de la vengeance de son sang a été adoptée par elle. Cette coutume (qu'on nomme *Blutrache* en allemand) doit son origine à l'évidence du fait que la famille ne saurait maintenir son existence que par la solidarité la plus complète de tous ses membres, en sorte que la mort de l'un d'eux doit être nécessairement vengée par son plus proche parent ; et elle devient ainsi la sauvegarde de la famille dans ses premiers développemens. (Voyez *Leo,* Studien, etc., p. 53, 85 et suiv.) Plus tard, à mesure que la famille agrandie trouve de la sécurité dans le nombre des individus dont elle se compose, ou dans les circonstances extérieures, la coutume de la vengeance de son sang doit disparaître comme moyen de défense extrême ; mais la force de l'habitude ou des idées d'honneur qui s'y rattachent peuvent en prolonger la durée.

Si le droit pouvait toujours être constaté avec exactitude, il serait facile de trouver, en cas de collision de droits, de quel côté il y a eu infraction à la justice. Mais le droit est de nature compliquée, et souvent il est difficile d'en déterminer les limites. Cette difficulté se fait sentir déjà dans les litiges entre individus de la même société, où il existe cependant des arbitres pour en juger. Mais dans un conflit entre sociétés indépendantes, cette difficulté devient d'autant plus grande, que chacune d'elles étant seule juge dans sa propre cause, on ne pourrait savoir de quel côté se trouve le tort, que si l'une des deux avouait candidement le sien. Cependant comme les passions des hommes s'opposent à un aveu de ce genre, il en résulte que toute société indépendante doit considérer la force comme dernière garantie de son droit, et comme dernier moyen pour repousser l'agression du dehors.

Cette agression est de nature différente, et varie en importance : lorsqu'elle est commise par un ou plusieurs individus agissant indépendamment de l'autorité à laquelle ils sont soumis, elle est considérée à l'égal d'un délit commis dans l'intérieur de la société, et réprimée comme tel. Mais si l'agression vient de la part de l'autorité supérieure d'une société étrangère, il s'établit une lutte entre les deux sociétés, qu'on nomme la guerre. Chacune des deux pouvant croire avec sincérité qu'elle est la partie lésée, et qu'elle n'use de la force que pour maintenir son droit, il s'ensuit, que dans un cas pareil, la guerre est simplement un dernier moyen de solution pour une question de droit douteuse ou contestée (1).

Cependant, à mesure que la société humaine s'est développée dans un sens intellectuel, et par conséquent contraire à la violence, la guerre a été assujettie à des conditions de plus en plus restrictives, et ces restrictions constituent la partie la plus essentielle du droit des gens.

La guerre, dans son expression la plus brutale, porte le caractère d'une férocité qui dépasse celle des bêtes les plus sauvages. — Celles-ci ne s'entre-

---

(1) « Bella ut recta sint non minori religione exercenda quam judicia exerceri solent. » (*Hugonis Grotii* De jure belli ac pacis Prolegomena. **XV**.)

« Speciali et ad rem ipsam relata acceptione bellum utrumque justum esse non potest, ut nec lis; quia facultas moralis ad contraria, puta ad agendum et ad impediendum non datur per rei ipsius naturam. At vero, ut neuter bellantium injuste agat fieri sane potest. Injuste enim agit nemo, nisi qui et scit se rem injustam agere : multi autem id nesciunt. Sic juste, id est bona fide litigari potest utrinque. » (*Hugo Grotius,* loc. cit. p. 604.)

déchirent que dans la chaleur du combat, tandis
que l'homme est capable de la plus froide cruauté
et invente les tortures les plus odieuses pour les
infliger aux malheureux qu'il nomme ses prisonniers. —Dans un état social où l'humanité a acquis plus de valeur, un tel excès de cruauté est
réprouvé ; néanmoins l'homme croit pouvoir non-
seulement tuer son semblable sur le champ de ba-
taille, mais conserver encore cette faculté à per-
pétuité, à l'égard de celui qu'il a vaincu, et dont
la vie s'est trouvée une fois à sa merci.

La guerre mettant à la disposition du vainqueur
la vie du prisonnier, il pourra la lui laisser par
motif d'intérêt, à condition qu'il renonce à sa
propre volonté, pour ne suivre dorénavant que
celle de son vainqueur, qu'il devienne son esclave.

Nous avons fait observer déjà, que l'esclavage
s'introduit dans la famille même, comme conséquence d'une interprétation rigoureuse du droit
personnel (1); et la position des prisonniers de
guerre ne pouvant être plus favorable, y sera assimilée ou sera plus rigoureuse encore. —Seulement,
au lieu du droit personnel extrême, la base de cet
autre genre d'esclavage consistera dans la faculté

---

(1) « Die Macht der Familiensubstanz erscheint noch etymologisch
sehr scharf. Z. B. im Altdeutschen bedeutet *hiu* die Familie und die
Knechtschaft, *famulus* und *familia*. » (*Leo,* Studien und Skizzen, etc.
S. 95.)

que possèdera le vainqueur de priver à volonté son prisonnier de la vie.

L'esclave fait à la guerre subit les conséquences d'un principe extrême sans contredit, mais qui n'en est pas moins fondé dans l'égalité intellectuelle des hommes, puisque, conformément à l'esprit du temps, ils se considèrent tous comme également appelés à faire usage de la force, et cela d'une certaine manière également valable pour tous.

Cependant les avantages que procurent les services des esclaves, font naître parmi les hommes le désir d'en obtenir à l'aide d'autres moyens encore, soit de vive force, soit par la ruse. Ils enlèvent des êtres humains à leur famille, à leur pays, les transportent dans des climats lointains, et ne les apprécient plus qu'en raison de la valeur matérielle qu'ils peuvent en retirer. Si l'individu qui a été fait esclave ainsi, avait précédemment agi dans le même sens, s'il avait pris part lui-même à une chasse à l'homme, dans ce cas son propre esclavage ne serait qu'une rétorsion fondée en justice. Mais, d'un autre côté, il est à observer, que si cette rétorsion lui était infligée non pas par principe de justice, mais par un individu qui n'aurait que son intérêt personnel en vue, ce dernier provoquerait également la rétorsion par son action. Il aura ainsi encouru la peine de l'esclavage, qui pourra lui être imposée sous forme de galères, d'emprisonnement, ou par toute autre privation de sa liberté, si des violences de ce genre étaient déjà réprouvées par l'esprit et la législation de la société à laquelle il appartient.

L'esclavage est une des questions sur lesquelles les publicistes se sont montrés d'opinions les plus opposées. Mais cette question se trouve déplacée de son véritable terrain, dès qu'on veut condamner ou justifier l'esclavage d'une manière absolue. Il résulte au contraire de ce qui précède, que l'esclavage n'est autre chose que la conséquence inévitable des idées qui règnent à une époque donnée, sur la valeur absolue du droit, et sur l'usage qu'il est permis de faire de la force. Les idées étant généralement admises à une époque ou dans un pays quelconques, les actions qui s'ensuivent ne dérogent pas à l'égalité intellectuelle des hommes, et restent par conséquent conformes à la justice elle-même. Car la justice n'est autre chose que le principe conservateur de l'égale valeur spirituelle des hommes, au milieu de l'usage qu'ils font de leurs droits et de leurs facultés. C'est ainsi que l'esclavage est fondé en justice, mais à une époque de développement social peu avancé. Plus tard les idées sur le droit se modifiant, et la guerre changeant de caractère, l'esclavage devient une anomalie. Ainsi donc vouloir condamner ou justifier l'esclavage, d'une manière absolue, ne signifie autre chose que vouloir s'arrêter exclusivement à l'un de ces deux momens, dans le développement des idées sociales, et méconnaître ce mouvement lui-même.

La famille primitive s'agrandit encore de la sorte par des esclaves achetés ou faits à la guerre. Mais si, avant l'admission de tous ces étrangers, elle avait pris un développement prononcé, ceux-ci ne pourront y apporter de modification sensible, et la société conservera ainsi les mêmes traits caractéristiques, seulement en proportions plus grandes, et par là même plus sévères.

Nous croyons qualifier exactement par la dénomination d'état patriarcal (1), la société indépen-

----

(1) M. de Haller a le grand mérite d'avoir prouvé le premier, que la société humaine n'est pas le produit d'un calcul de l'intelligence, mais qu'elle résulte des besoins des hommes et de la nature des choses. Il a prouvé aussi que le terme *État* n'a aucune valeur essentielle, et que la société à laquelle cette dénomination est appliquée, ne se distingue que par les idées relatives d'une certaine étendue de frontières, d'un nombre plus considérable de membres, d'une indépendance plus grande des autres sociétés humaines moindres en proportions. Mais ce système de M. de Haller a une base très-circonscrite, puisqu'il n'a égard qu'à un seul genre de rapports sociaux, ceux qui proviennent de conventions particulières; et il n'aperçoit pas l'existence des relations sociales qui se forment indépendamment de toute espèce de convention ou de contrat, ou du moins il n'y attache aucune importance. D'un autre côté, M. de Haller a complétement perdu de vue, que quoique l'intelligence humaine ne conçoive pas, aux degrés inférieurs de son développement, l'esprit des rapports

dante dans laquelle prédomine ce type de la fa—
mille primitive.

Aussi longtemps que les individus, qui composent la famille, sont réduits à pourvoir indifféremment à tous leurs besoins, ils ne peuvent s'en
acquitter que d'une manière très-imparfaite; mais
à mesure qu'elle s'agrandit et se complique, les
diverses fonctions et industries sociales se séparent
et se perfectionnent (1). Plus une profession est difficile et exige de temps pour être apprise (2), plus
elle devient la propriété exclusive de ceux qui s'y
vouent. Et comme chaque profession peut devenir
une source de bien-être et d'honneur, ceux qui y
sont passés maîtres, communiquent leur savoir de
préférence à leurs proches, pour leur en assurer
les avantages. Si les individus ayant la même vo-

---

sociaux, c'est toujours elle qui est, du moins instinctivement, la cause
de leur formation logique. Et si l'homme n'a pas, de tout temps, la
conscience de cette logique, il l'acquiert avec le développement de
son intelligence. Dès-lors les rapports sociaux se présentent à lui
objectivement, et il reconnaît un but social qui lui était resté caché,
aussi longtemps qu'il ne l'avait pas compris. — Mais quelle que soit
la gravité de ces objections qu'on est en droit de faire au système de
M. de Haller, toujours est-il certain, qu'il a expliqué un des côtés de
la société humaine qui était resté inaperçu jusqu'à lui, et qu'à ce titre
la science lui est redevable d'un véritable progrès.

(1) « Bei steigender Cultur namlich sondern sich alle Thätigkeiten
des Volkes immer mehr, und was sonst gemeinschaftlich betrieben
wurde, fällt jetzt einzeln Ständen anheim. » (Vom Beruf unserer Zeit
für Gesetzgebung und Rechtswissenschaft, v. *Savigny*. S. 12.)

(2) Die Zünfte wurden noch tief ins Mittelalter herein in Venedig
Scholæ genannt. » (*Leo*, Geschichte der Italien Staaten, t. III. S. 5.)

cation conservent entre eux des relations sur les objets d'un intérêt commun, il se formera des corporations ou des castes qui se dessineront plus fortement à mesure que les proportions de la société grandissent.

§ II. — De la république.

En suivant le développement de la famille primitive, nous avons eu l'occasion d'indiquer, à plus d'une reprise, la tendance extrême que le droit personnel est susceptible de prendre.

Mais le droit personnel ne saurait se maintenir dans une signification aussi abstraite, en se séparant complétement du côté de la nature humaine qui lui est opposé, côté dont nous avons indiqué l'existence, sous le nom de liberté.

L'existence de ce côté se manifeste dans l'homme, par la tendance à acquérir un certain degré d'indépendance pour sa personne et pour les objets nécessaires à sa subsistance. — Et lors même que cette disposition de la nature humaine serait comprimée, elle ne pourrait néanmoins être entièrement étouffée; c'est pourquoi la société, que nous avons désignée sous le nom d'État patriarcal, ne parvient jamais à réaliser, dans toute leur rigidité, les conséquences qui découlent d'un droit personnel extrême. — L'autorité fondée sur le droit ne saurait ainsi exister en réalité dans toute sa pureté abstraite (1). L'esclave même possède une certaine liberté d'action, par l'impossibilité où son maître se trouve de suivre ou de déterminer d'avance tous ses mouvemens. Et nous avons déjà fait observer, que l'autorité se fractionnait à un certain degré dans l'État patriarcal, puisque le chef supérieur était forcé, par la nature des choses, d'en abandonner

---

(1) On fait généralement un usage fort impropre du terme *autorité absolue*. L'absolu signifie, en philosophie, le contraire du relatif, et elle n'a pas de problème plus élevé à résoudre que celui d'expliquer la nature de l'absolu. La qualification d'absolue, appliquée à l'autorité, signifierait donc que celle-ci a son origine en elle-même, qu'elle est portée par sa propre substance. Un tel sens ne pourrait cependant y être attaché que par celui qui reconnaîtrait qu'il y a identité entre l'autorité et le droit, entre le droit et l'intelligence humaine, et identité entre celle-ci et l'absolu, puisque, dans ce cas, ces différentes idées d'autorité, de droit et d'intelligence, étant la conséquence ou le produit l'une de l'autre, ne seraient que différens degrés ou différens momens du même mouvement dialectique. — Mais telle ne saurait être l'intention des adversaires de l'autorité fondée sur le droit; et par l'expression d'autorité absolue, ils ne peuvent vouloir dire autre chose, qu'autorité abstraite : en effet, lorsqu'on a uniquement égard à l'autorité, on fait abstraction de l'autre côté de la nature humaine, qu'on nomme liberté.

Conformément aux idées de la philosophie chrétienne, Dieu est l'absolu, dont émanent toutes les créations, au nombre desquelles se trouve l'homme doué d'intelligence. Cette intelligence étant la source du droit, et le droit la base de l'autorité, il a été conforme à la religion chrétienne de considérer l'autorité fondée sur le droit, comme émanant de la Divinité, comme conférée par la grâce de Dieu. Cette expression, par la grâce de Dieu, ne peut signifier ainsi, que l'autorité du souverain lui ait été transmise visiblement par l'Être Suprême, comme les zélés mais imprévoyans partisans des Stuarts l'ont supposé; elle indique seulement la base indépendante de l'autorité fondée sur le droit, par opposition à l'autorité démocratique, qui ne remonte pas plus haut qu'au libre-arbitre de l'homme, comme nous allons le montrer immédiatement.

une partie aux pères de famille qui se trouvaient dans sa dépendance. — Le droit personnel d'ailleurs se relâche, dans la réalité, non-seulement à l'égard des personnes, mais aussi à l'égard des choses; car si le maître a droit à tout ce que le travail de l'esclave produit, cependant un sentiment d'humanité ne lui permet pas de se prévaloir rigoureusement de ce droit extrême, et c'est ainsi que l'esclave a de tout temps possédé un pécule.

Néanmoins si, contrairement à la nature des choses, le chef supérieur s'efforçait de maintenir le droit personnel dans toute sa rigueur; si la liberté individuelle était entièrement comprimée dans la société, il s'y ferait sentir un malaise, qui se manifesterait de différentes manières. Et s'il en résultait enfin une réaction, elle tournerait contre la cause de l'oppression — l'autorité, — qui se trouvera ébranlée dans sa base ou renversée; et la liberté, qui aura produit cette réaction, pourrait dès-lors se manifester sans opposition.

C'est ainsi que l'autorité provenant du droit, et le droit étant un produit de la volonté humaine, essentiellement libre, à cause de son essence spirituelle, l'autorité est d'origine identique avec la liberté; et c'est pourquoi, voulant détruire toute liberté, elle se détruit elle-même. — Nous allons examiner maintenant les conséquences qui résultent de la destruction de l'autorité fondée sur .e droit, qu'on nomme aussi l'autorité légitime (1).

On a pu se convaincre par ce qui précède, que le droit produit l'autorité, comme une de ses conséquences, et qu'elle devient exclusive en comprimant toute manifestation de la liberté individuelle, dès que le droit lui-même est pris dans une acception extrême ou abstraite.

La réaction de la liberté tournera contre la force qui l'aura comprimée, c'est-à-dire contre l'autorité; et comme l'autorité dont nous avons parlé jusqu'à présent n'est qu'une conséquence du droit, la réaction atteindra ce dernier. Le droit, comme nous l'avons déjà fait observer, est le lien par lequel l'homme s'attache les objets. En sorte que si la liberté réagit à l'extrême contre l'autorité, de manière à la repousser complétement, elle s'attaquera

---

(1) Il y a le même rapport de la justice à la légitimité que de la généralité à la spécialité. L'idée de la justice consistant dans l'égale valeur spirituelle des hommes, reste abstraite jusqu'à ce qu'elle se présente d'une manière concrète en réalité. Lorsqu'elle s'offre réalisée ainsi dans un cas spécial, elle se nomme légitimité.—Nous avons montré que la légalité aussi n'est autre chose que la réalisation de l'idée de la justice. Mais cette réalisation est simplement humaine, tandis que par légitimité on entend une réalisation de la justice vraie, ou véritablement conforme à son idée. C'est pourquoi il y a différence entre légitimité et légalité, qui autrement seraient identiques, si l'homme était capable de toujours reconnaître la justice d'une manière certaine. — L'autorité légitime signifie donc l'autorité véritablement fondée sur le droit, puisqu'un droit positif quelconque n'est autre chose qu'un cas spécial de l'idée générale de la justice.

au droit lui-même, qui en est la source, et rompra les liens qui unissent les objets aux hommes.

La conséquence en serait, que les objets nécessaires à l'existence des hommes, n'étant plus occupés par eux individuellement, le seraient par toute la société en commun. La multiplicité des droits individuels se changerait ainsi en un seul droit général. Les choses deviendraient communes ou publiques — *res-publicæ* — parce que leur matière serait occupée par la volonté commune de la société entière, au lieu de l'être individuellement.

Une telle société se nomme république, et si la liberté générale s'y maintenait à l'égard des objets dans toute sa suprématie, sans admettre le droit individuel, nous aurions la république pure.

L'exercice d'un droit individuel a une sphère déterminée, limitée comme elle l'est par les droits étrangers. Ces limites n'existant plus dans la société, où les objets seraient en commun, leur usage donnerait lieu à l'une de ces deux alternatives. — Ou bien la bonne harmonie se maintiendra dans la société, en sorte que les volontés individuelles se trouveront unies en une seule volonté générale, agissant dans un accord parfait. Les hommes alors vivront en paix, unissant leur travail, dont ils partageront le produit sans aucune contestation, ayant fait abnégation de toute tendance égoïste, de toute passion intéressée. Mais un état de choses aussi parfait que l'imagination des poètes ose à peine le placer dans l'idylle, ne se rencontre nulle part en réalité. La seconde alternative se présente ainsi d'elle-même : en l'absence de toute autorité parmi les hommes, l'usage commun des objets nécessaires à leur subsistance, amène des dissensions parmi eux, commes celles que Hobbes place à l'origine de toute société, et qu'il caractérise par cette expression, — la guerre de tous contre tous. Hypothèse qui serait parfaitement juste, si la vieille fable de l'âge d'or et de la communauté primitive des biens pouvait effectivement être placée à l'origine de la société, puisqu'alors le passage de cette époque à une autre donnerait lieu à une confusion complète.

C'est ainsi que par une réaction extrême contre l'autorité, la société arriverait à l'idée de la communauté des biens. Mais l'usage de ces biens ne pourrait être régularisé d'une manière quelconque, puisqu'aucune autorité n'existant dans la société, personne n'aurait droit d'y établir un ordre obligatoire pour les autres. Et chacun, dans ce cas, ne suivant bientôt plus que l'impulsion de ses besoins ou de ses désirs, il résulterait de leur opposition et de leur collision un état de choses qu'on nomme anarchie. Cependant on s'apercevra, au milieu de cette confusion générale, que les individus isolés sont maîtrisés par plusieurs individus réunis contre eux, et qu'un plus grand nombre encore l'emporte sur ces derniers. Cette observation se renouvelant sans cesse, il en résultera enfin la conviction qu'on s'opposerait vainement au plus grand nombre, puisque la force se trouve de son côté. Et c'est ainsi que le nombre décidera de toute question dans la société. On voit surgir de la sorte une autorité, qui au lieu d'être une conséquence du droit individuel, n'en reconnaît pas même l'existence, et se base sur un autre principe, celui de la force inhérente à la majorité (1).

La majorité ne représente ainsi que le principe de la force, mais de la force dominante, de la force qui ne souffre pas d'opposition (2).

Cependant l'usage des biens communaux et les actions des membres de la société devant être régularisés d'une manière quelconque, la majorité fera

---

(1) Le passage suivant d'Elien (V. H. l. XII. c. 38) que cite Pufendorf, montre jusqu'où mènent les conséquences, si la force est érigée en règle suprême de la société humaine, et qu'on puisse même en faire dépendre les rapports primitifs de la famille : « Si quis (de Saxis) puellam uxorem ducere cupit, pugnam cum ea suscipit, et si illa superior sit captivum abducit, atque imperium in eum tenet, sin inferior, regitur ab ipso. »

(2) Aussi tous les publicistes qui admettent le principe de l'omnipotence de la majorité, représentent-ils l'opposition à cette majorité comme une espèce de crime. Hobbes dit sèchement, que celui qui s'oppose à la majorité peut être massacré par elle. (Leviathan or the matter, form and power of a commonwealth ecclesiastical , and civil, *Hobbes,* p. 90.)　　　　　　　　　　　　　LL.

connaître sa volonté à cet égard, et l'ordre se trouvera établi dans la république. La volonté de la majorité faisant ainsi la loi, sera d'autant plus libre dans ses mouvemens, qu'elle ne souffrira pas d'opposition. Mais plus cette majorité sera nombreuse, plus elle aura de peine à s'entendre sur des lois qui doivent embrasser toutes les actions des citoyens. Pour se tirer de cette difficulté, elle se verra amenée à en confier la rédaction à un petit nombre d'individus ou à un seul législateur.

Les lois ne pourront être la réalisation de l'idée de la justice. Car la justice n'étant autre chose qu'un développement ultérieur de l'idée du droit individuel, et la république pure rejetant celui-ci, la justice n'y trouve pas de place non plus.

Il ne resterait ainsi au législateur à adopter comme base générale de ses lois, que l'un des deux côtés de la justice pris dans leur abstraction, — l'équité ou la justice matérielle. L'équité est la conséquence abstraite de l'égalité spirituelle des hommes. Mais le principe spirituel n'est pas susceptible d'appréciation matérielle, comme nous l'avons fait voir au chapitre III. Ce n'est donc que forcément que l'égalité spirituelle peut être prise pour base de la régularisation des rapports matériels qui existent dans la société. — L'égalité spirituelle, prise comme égalité matérielle, amènera comme conséquence nécessaire l'égal usage ou partage des biens, et l'égale participation à l'autorité suprême. Mais la généralité de ce principe se trouvera démentie par la réalité, puisque les hommes ne sont pas matériellement égaux.—L'autre côté abstrait de la justice, celui que nous avons nommé justice matérielle, se présenterait ainsi au législateur, s'il avait égard à l'inégalité matérielle des hommes, inégalité provenant de leur différence d'âge et de sexe, de développement corporel, etc.—Mais s'il adoptait cette inégalité comme base de sa législation, au lieu d'un principe général, il n'aurait qu'une infinité de différences, qu'il serait de toute impossibilité d'apprécier avec exactitude.

Ainsi se confirme l'observation que nous avons déjà faite en examinant la nature de la justice, sur l'insuffisance de chacun des deux côtés dont elle se compose, à devenir isolément base générale des rapports sociaux.

Il s'ensuit que la législation de la république pure, étant privée de toute base générale, sera réduite au point de vue subjectif auquel le législateur se sera placé, et au plus ou moins de suite qu'il mettra à en développer les conséquences.

Les anciennes républiques de la Grèce nous offrent l'image d'une telle législation, où le point de vue subjectif prédomine entièrement. Mais aucune d'elles n'a réalisé l'idée de la république abstraite dans sa pureté, puisqu'aucune d'elles n'a établi la communauté des biens dans toute sa rigueur.

La majorité de la république ayant adopté la combinaison imaginée par le législateur, ces lois seront valables pour tous les citoyens, et l'autorité qui en découlera représentera ainsi la volonté de la majorité. — L'origine de cette autorité étant différente de celle qui provient du droit, nous la nommerons autorité légale par opposition à l'autorité légitime.

L'autorité légale étant fondée sur la législation, qui elle-même n'est que l'expression de la volonté de la majorité, pourra devenir aussi exclusive, aussi arbitraire que l'autorité légitime portée à ses dernières conséquences. En sorte que l'effet extrême, dans l'un et l'autre cas, sera le même : toute manifestation de la liberté individuelle sera étouffée. La législation de la république restreindra d'autant plus la liberté individuelle, qu'elle se rapprochera de la pureté de l'abstraction, car en s'écartant ainsi de la nature des choses, elle sera forcée de déterminer, jusque dans ses moindres détails, l'ordre subjectif et artificiel qu'elle y aura substitué.

De cette manière, les conséquences du droit abstrait ainsi que de la liberté abstraite, nous ont amené au contraire de chacun des deux principes. Le droit est arrivé par la réaction à sa propre destruction, et nous voyons également la liberté aboutir à son propre esclavage. Il s'ensuit que ces deux manifestations de la nature humaine, prises dans leur abstraction, se terminent, chacune, par la contradiction logique pure.

Et de même que nous avons fait observer, que l'autorité arbitraire, ou absolue comme on la nomme, ne pouvait exister en réalité dans toute sa rigidité logique, la liberté ne se retrouve nulle part non plus, en réalité, dans sa pureté abstraite.

Nulle part les hommes ne sauraient remplir la condition nécessaire de la république pure, celle de surmonter les tendances égoïstes ou matérielles de leur nature, au point de devenir indifférens sur la manière dont ces besoins se trouvent satisfaits. Ils ne sauraient rester désintéressés relativement au produit de leur travail, ni comprimer leur disposition à l'approprier de préférence à leurs propres besoins : — c'est pourquoi toute législation, même la plus démocratique, admet le droit individuel, du moins jusqu'à une certaine étendue.

De cette manière, le droit, que nous avons considéré précédemment comme la source de l'autorité, devient, à son tour, un produit de l'autorité, qui représente la volonté de la majorité.

C'est dans ce sens aussi, qu'il est juste de dire, que les lois sont la source des droits. Dans la république les lois deviennent en effet la source des droits ; car le droit, s'il avait été anéanti, y reparaîtrait de nouveau, mais en autant seulement que la législation l'admettait.

Ailleurs, au contraire, où le droit a pu prendre un développement suivi, l'autorité législative et la législation elle-même ne sont qu'une conséquence du droit comme nous l'avons fait voir précédemment. Mais déjà nous avons également fait observer, que quand même le droit serait la source de tout pouvoir social et de la législation, il n'en est pas moins déterminé, à son tour, par cette dernière. Car l'idée de la justice, en limitant celle du droit, puisqu'elle reconnaît également le droit d'autrui, varie elle-même selon la valeur que les hommes attachent à leur égalité spirituelle. C'est ainsi que les limites du droit s'élargissent en se rétrécissent, selon le développement auquel est arrivée l'idée de la justice chez un certain peuple, à une époque donnée. — L'influence que l'idée de la justice ou la législation exerce sur le droit, peut s'étendre au point d'anéantir ses différences, pour l'élever à la généralité, comme c'est le cas, lorsque les hommes interprètent leur égalité de manière à ce qu'ils doivent participer également à l'usage du droit, qui leur appartiendra en commun. Et comme le mouvement intellectuel peut atteindre à cet extrême, par suite d'un développement lent et successif, nous arrivons ainsi à l'idée de la république pure, par une autre voie encore que celle de la réaction violente. Mais les conséquences en sont toujours les mêmes; et la justice, en arrivant à cet extrême, cesse d'exister, puisqu'elle ne consiste que dans une idée de limitation ou de différence, et que cette différence, ayant été anéantie, vient à détruire sa propre base.

Cependant cette généralisation du droit dans la république pure étant incompatible avec les tendances matérielles de la nature humaine, les droits particuliers y reparaissent bientôt, mais sans l'influence d'un autre principe, celui de la volonté de la majorité.

C'est ainsi que les droits et les lois se trouvent dans une action et réaction perpétuelle, aussi intime que celle de la liberté et de l'autorité. — Double mouvement dont la nature humaine forme le pivot, enlacé dans ce cercle mouvant, où l'on ne distingue plus ni commencement, ni fin. Car le droit se rencontre à sa source avec la liberté; — ils y sont identiques, puisque le droit est le produit de la volonté humaine, libre et intelligente de son essence. Le droit devient la source de la justice, de l'autorité, de la législation. Mais, d'un autre côté, l'autorité, comme dernière expression du droit, produit à son tour, par son extrême, l'extrême de la liberté : elle arrive à ce résultat, en logique, par le mouvement des idées, et, dans la réalité, par le fait qu'on nomme révolution. La liberté donne de nouveau naissance aux lois, aux droits, à l'autorité, qui réagissent sur elle, et ainsi de suite.

Cependant, si la république pure ne saurait exister dans la réalité, on voit naître des formes sociales qui s'en rapprochent plus ou moins. La communauté des biens étant la véritable idée de la république, si une communauté pareille s'établit, du moins partiellement, par un motif quelconque, il en résultera des rapports sociaux, auxquels le principe républicain de la majorité servira de base. C'est ainsi que la propriété commune de landes, de bois, de pâturages ou de terrains quelconques, à laquelle participent plusieurs familles ou individus indépendans les uns des autres, donnera lieu entre eux à des rapports où la majorité servira d'autorité.

Cependant une telle supposition n'est juste qu'autant que l'égalité matérielle continue à se maintenir parmi ces individus, puisque dans ce cas seul la majorité serait toujours l'expression de la force. Mais une égalité matérielle même approximative entre individus doués d'activité et de moyens différens, est si contraire à la nature des choses, qu'elle ne saurait être maintenue que forcément. Autrement, l'inégalité s'introduirait dans la république, principalement par l'intermédiaire de l'idée du droit, si elle y prenait du développement, car il en résulterait la propriété séparée des biens, et une cohésion plus forte dans les familles, ce qui amènerait l'inégalité de forces parmi les citoyens.

La décision des affaires publiques appartiendra alors aux puissans, puisque la force de la majorité aura passé en leur possession, surtout s'ils s'unissent entre eux. — Leur cercle se rétrécissant toujours davantage, pourra aboutir à la monarchie.

Dans ce cas, si le monarque succédait en entier à l'autorité qui avait été établie dans la république, son autorité pourrait égaler ou surpasser celle qui est fondée sur le droit le plus extrême. Mais certains principes de gouvernement, et des formules qui accompagnent les actes publics, semblables à celles dont les empereurs romains faisaient usage, rappelleront l'origine populaire de son autorité, jusqu'à ce qu'enfin, toute trace d'origine différente venant à s'effacer, les deux genres de monarchie se soient entièrement assimilés. Il pourra même

se présenter alors une contradiction, qu'on a vue
se renouveler à plusieurs reprises. La monarchie
d'origine populaire se servira de formules et d'un
langage de gouvernement, qui appartiennent à la
monarchie fondée sur le droit; et cette dernière,
cédant à l'influence de doctrines en vogue, pourra
faire usage à son tour d'un langage officiel qui in-
diquera une origine démocratique.

Mais si la république, en se rétrécissant de plus
en plus, s'arrête à un des degrés intermédiaires,
avant d'aboutir à la monarchie, elle prendra le
nom d'aristocratie. En sorte que l'aristocratie n'est
qu'une variété de la république, et ne se distingue
de celle-ci que par le nombre des individus dont
se compose la corporation souveraine. Dans la république, ce nombre constitue la majorité; dans
l'aristocratie, il est en minorité.

Mais cette distinction admise en théorie n'est
pas même exacte en réalité, si on a égard au nombre des individus qui composent la corporation
souveraine de la république, et à celui des individus qui lui sont soumis, puisqu'on trouverait alors
que les citoyens ou membres souverains de la république sont toujours en minorité à l'égard de
ceux qui dépendent de leur autorité. Car on ne
voit jamais de république sans y rencontrer de véritables sujets : ce sont ou les femmes et les enfans

de chaque citoyen , les habitans des dépendances ou des pays conquis , les esclaves ou autres inférieurs quelconques.

.L'idée de la république suppose une association entre hommes indépendans et égaux. Mais à cause de la difficulté d'un rapprochement entre égaux , on la voit rarement se former de cette manière. Un pareil rapprochement ne peut être amené que par des circonstances extraordinaires et fortuites, telles que communauté de biens accidentelle , fréquentation des mêmes temples , réunion dans le même lieu de refuge. (Telle fut l'origine de la république de Venise). — Aussi, l'histoire ne présente-t-elle qu'un très-petit nombre de sociétés humaines , républicaines d'origine ; et presque toujours la république ne se compose que des ruines d'une autre société. Cette transformation peut être amenée par la violence , mais elle peut se faire aussi d'une manière conforme au droit. Dans le cas, par exemple, où une monarchie serait privée de son chef, sans qu'il eût transmis ses droits à un autre , tous ceux qui étaient soumis à son autorité, se trouveraient indépendans. Si les rapports sociaux qui existent dans la monarchie avaient tellement passé dans leurs habitudes, qu'ils ne voulussent pas les voir changer, ils se concerteront sur le choix d'un nouveau souverain, pour remplacer celui qu'ils ont perdu. Mais si ces individus devenus indépendans se trouvent sous l'influence d'autres idées, ils voudront conserver la liberté personnelle qui leur est échue en partage, et accaparer encore, par première occupation, tous les droits restés vacans dans la monarchie.

Et c'est ainsi que, selon le nombre plus ou moins considérable des individus qui participeront à ces avantages, une aristocratie ou une république prendra la place de la monarchie.

Il y a donc erreur à condamner, du point de vue de la légitimité, l'existence même de la république, puisqu'elle peut se constituer d'une manière aussi légitime que la monarchie elle-même. Mais il est certain, d'un autre côté, que les tendances propres à ces deux formes sociales, ne sauraient manquer de se manifester dans chacune d'elles, avec plus ou moins de prépondérance, ce qui les place toujours en opposition de principes.

§ III. — De l'état féodal.

On a pu se convaincre, que l'extrême du côté par lequel des rapports d'autorité et de dépendance s'établissent parmi les hommes, de même que celui par lequel ces rapports sont repoussés, c'est-à-dire le droit et la liberté, mènent également à des abstractions qui ne peuvent exister dans la réalité. Cependant ces extrêmes résultent uniquement de la manifestation exclusive de l'un des deux côtés, aux dépens de l'autre, et il s'ensuit, que ne pouvant s'exclure réciproquement sans contradiction logique, il ne leur reste d'autre alternative que celle de se comporter mutuellement, et de se coordonner dans une proportion quelconque. Reste à examiner sur quelle base cette proportion peut être établie.

Le droit se combinant avec l'idée de la liberté, en éprouvera, comme première modification, la perte de son caractère abstrait. Si on observe cette modification dans ses conséquences pratiques, on verra le père de famille abandonner l'idée de conserver la propriété exclusive et perpétuelle des objets livrés à la consommation de ses enfans; et il reconnaîtra un terme où ces objets cesseront de lui appartenir, soit complétement, ou du moins en partie. Il s'ensuit que ses enfans se trouveront plus ou moins complétement libérés de son autorité, à un terme donné. Ce terme ne saurait devancer le moment où le développement des facultés intellectuelles de l'homme est assez avancé pour lui permettre d'en faire usage, puisqu'il ne peut jusque-là se conduire par lui-même. Dans la prévision de ce moment, le père de famille n'aura livré à ses enfans les objets nécessaires à leur subsistance, que d'une manière conditionnelle, puisqu'il y aura attaché l'idée conditionnelle de n'en conserver la propriété que jusqu'à leur majorité. Il s'entend du reste que nous ne voulons pas dire par là que les hommes arrivent à la conscience d'idées de ce genre ; mais quoiqu'ils n'en aient qu'un sentiment obscur ou instinctif, ils en subissent néanmoins l'influence.

Cette donation conditionnelle ne dépendra qu'à un certain degré de la volonté individuelle du père de famille, puisqu'il ne saurait se soustraire à l'effet des idées du temps sur la valeur de la propriété. Et d'un autre côté, il prévoit que ses enfans, une fois arrivés à l'âge de majorité, revendiqueront la part d'indépendance et de liberté individuelle, que leur assurent les coutumes et la législation du pays. — L'individu ne peut ainsi attacher au droit personnel une plus grande valeur, que celle qui résulte de la législation à laquelle il est soumis, puisque celle-ci détermine, combien l'idée de l'autorité se trouve circonscrite par son idée opposée, la liberté.

Le droit subira ainsi un changement dans sa nature la plus intime, dans l'idée même qui constitue son essence, celle de la puissance de l'intelligence sur la matière. Cette puissance se trouvera restreinte, puisque sa durée perpétuelle ne

sera plus admise, et qu'au contraire les objets cesseront d'appartenir, du moins d'une manière exclusive, au premier propriétaire, par suite de leur
transformation dans la susbtance d'un autre individu.

L'une des conséquences du droit, celle qui sert
de base à l'autorité, ayant été essentiellement modifiée de la sorte, tous les autres rapports sociaux
se ressentiront de l'influence de cette modification.
— La liberté individuelle ressortira d'une manière
plus prononcée; mais le degré de ce développement,
la proportion dans laquelle elle se combine avec
l'idée du droit personnel, ne peut être déterminée
que d'une manière générale par les coutumes ou
la législation spéciale du pays. Alors le besoin se
fera sentir d'en préciser les détails davantage encore, ce qui ne pourra être atteint qu'à l'aide de
stipulations ou de conventions particulières.

Cette tendance est de nature différente : ou bien
elle est individuelle; c'est-à-dire que chacun dans
la société ne songe qu'à ses avantages personnels,
ou bien elle prend un caractère plus général et
embrasse les intérêts de la société entière, c'est-à-
dire qu'elle se dirige vers un but social.

Nous nous occuperons de cette dernière direction sociale au chapitre suivant, en parlant de l'é-
tat moderne. L'autre tendance, qui porte à s'assu-

rer individuellement des avantages du droit ou de la liberté, produit des formes sociales auxquelles nous donnerons dans leur ensemble le nom d'*État féodal*.

Les conventions dont nous venons de parler ont pour but de déterminer la mesure réciproque du droit et de la liberté; mais elles ne sauraient néanmoins s'étendre à tous les cas, à tous les accidens de la vie commune, qui échappent par leur multiplicité à la prévision et à la détermination, autre que celle du libre arbitre. Et d'un autre côté, il existe certains rapports entre les hommes, qui restent étrangers à toute espèce de convention; puisque les conventions sont subséquentes aux premiers rapports sociaux fondés, soit sur le droit, soit sur la force.

Il nous reste maintenant à examiner de quelle manière l'État féodal se forme dans la réalité.

Nous avons montré précédemment, que si les familles secondaires suivent la coutume de rester auprès de la famille-mère, celle-ci prendra un développement de plus en plus considérable. Mais si l'idée du droit perpétuel s'est modifiée de telle sorte, que les familles secondaires acquièrent la propriété des terres nécessaires à leur subsistance, dans ce cas, il sera de leur convenance de s'établir au milieu de leurs professions, et elles s'isoleront ainsi les unes des autres (1). Il se pourra cependant que, dans les commencemens, cet isolement n'interrompe pas leurs rapports réciproques, surtout si l'éloignement des domiciles n'est pas trop considérable. Mais une connexion de ce genre, n'étant que personnelle et passagère, cessera complétement entre les familles plus éloignées qui se seront perdues de vue. Elles pourront ainsi conserver l'unité des croyances et des coutumes, — leur nationalité; — mais leur unité extérieure serait rompue, si leurs chefs devenaient entièrement indépendans les

---

(1) Les races slavonnes ont la disposition caractéristique de se domicilier par villages; les peuples germaniques, au contraire, préfèrent les établissemens isolés. Dans toutes les contrées slavonnes, cette coutume s'est conservée jusqu'à nos jours, dans les pays même qui se sont trouvés pendant des siècles sous une domination étrangère. (Voyez sur ce sujet une dissertation instructive dans un journal de Berlin : Berliner politisches Wochenblatt, année 1832, p. 286.) — Il est à remarquer cependant, que les tribus slavonnes qui vivent de l'entretien de troupeaux, sont, comme la nature de leurs occupations l'exige, domiciliées isolément. Le docteur Anton écrivait en 1783 : « Noch vor einigen 30 Jahren war dieses der Zustand von Slavonien; « die Haüser lagen weit zerstreut aus einander, und man würde ver- « geblich Häuser nach unserer Art gesucht haben. So sind in Kroa- « tien die Häuser zerstreut, ohne Ordnung wie Häuser der Wilden. » (L. c. S. 98.)

Une autre particularité se rattache à cette diversité dans la manière de s'établir. — Les forts et les châteaux isolés prédominent dans les pays féodaux; dans ceux d'origine patriarcale, au contraire, ils n'existent que dans les contrées montagneuses, à l'entrée des défilés, et ce sont les villes qu'on y fortifie. C'est ainsi qu'anciennement il n'y avait en Russie, que quelques forts au Nord et des couvents fortifiés; mais chaque ville possédait un rempart, quoique d'ordinaire en bois seulement. Le grand mur de la Chine est encore plus caractéristique sous ce rapport.

uns des autres, et cessaient d'entretenir des relations entre eux.

Si la même séparation continuait, tout développement social serait impossible , puisqu'il ne dépasserait pas son premier degré, la famille. Mais
si l'une de ces familles restait réunie, pour cause
de sécurité ou autre, elle sortirait de ce cercle et
prendrait du développement. Si de plus , le chef
profitait d'une position avantageuse , pour y établir un fort, qui pût offrir un asile contre la violence, son voisinage augmenterait toujours en habitans, jusqu'à ce que l'endroit devînt une ville. —
Mais ces nouveaux venus, amenés par le besoin de
subsistance ou de sécurité, étant étrangers au chef,
auront soin, autant qu'il dépendra d'eux , de préciser leurs rapports à son égard, par des stipula-
lations et des conventions.

Ces conventions éprouveront l'influence des
idées contemporaines sur le droit et la liberté et en
recevront une teinte générale, par laquelle elles se
rapprocheront de préférence de l'un des deux élémens sociaux, qu'elles sont destinées à concilier.
Ce caractère de généralité, résultant des coutumes
et de la législation, suppléera, à son tour, à l'insuffisance des conventions à préciser tout le détail
des rapports qui peuvent s'établir parmi les parties contractantes.

Mais les traces de la première formation d'une société ne s'effacent que difficilement, et une réunion, amalgamée principalement d'ingrédiens étrangers, n'acquerra que difficilement la force d'adhésion de la société, où prédominent principalement les élémens d'une seule famille qui s'est agrandie par elle-même.

§ IV. — De différentes autres formes sociales.

Il résulte du contenu de ce chapitre, que l'autorité a une double base, celle de la force et celle de la propriété. Celle-ci change de nature avec le progrès social; elle ne consiste plus en terres ou en troupeaux, mais dans un moyen d'échange universel qui les représente, la monnaie.

Toutefois de grandes sommes ne s'acquièrent pas subitement par un seul individu, puisque les fortunes marchandes colossales ne s'amassent que par plusieurs générations consécutives. Le commerce, qui en est la source, ne se développe lui-même que d'une manière lente et progressive, et suppose un état social avancé. En pénétrant dans un pays, qui lui avait été fermé, il procure le bien-être et la considération à nombre d'individus, qui jusque-là pouvaient manquer de moyens de subsistance; ayant atteint par la suite un développement complet, il devient une des sources principales de richesse dans le pays; les grands capitalistes s'emparent alors de ses différentes branches, et forment une aristocratie marchande qui tient dans la dépendance ses confrères plus indigens. Le moyen même dont le commerce se sert, l'argent, en devient bientôt la branche principale. Ceux qui s'en occupent, les banquiers, se mettant en rapport entre eux, soit pour accélérer leurs affaires, ou pour se garantir réciproquement du malheur, forment un ou plusieurs cercles clos. Par suite de collisions, de rivalités ou d'autres circonstances, il arrive que plusieurs de ces maisons de banque rompent leurs relations, ou ne voient pas la nécessité d'en former avec chacune des banques associées. L'une d'elles devient alors le centre auquel aboutissent les transactions financières de toutes les autres, et il en résulte que son chef acquiert une puissance prédominante. S'il y avait dans le pays des troupes mercenaires, ou des bandes organisées de condottieri, il deviendrait possible de renverser l'autorité établie, à l'aide de grands moyens pécuniaires, surtout si l'esprit de commerce avait pénétré la société au point de donner à l'argent une importance démesurée (1). C'est alors que les qualités morales de l'individu qui se trouve être en

---

(1) Voyez Studien und Skizzen, etc., du docteur *Leo*, p. 17 et suiv.

possession de ces moyens pécuniaires, décident la question. S'il est doué de la hardiesse, de la ruse et de l'habileté nécessaires, il pourra, comme les Médicis, se saisir du pouvoir souverain, et fonder de cette manière un nouvel état, auquel nous donnerons le nom d'*État commercial*.

Les colonies fondées dans un but mercantile, et enrichies par le commerce, prennent facilement le caractère de la société commerciale; en sorte qu'une révolution, qui les détache de la mère-patrie, peut s'y accomplir aisément. Cependant, quoique l'on voie souvent se préparer les élémens qui pourraient produire l'État commercial, les circonstances sont rarement assez favorables pour qu'il s'en développe effectivement. Car par État commercial, nous n'entendons pas celui qui aurait principalement le commerce en vue, mais celui où l'autorité souveraine serait provenue des richesses que le commerce procure.

Nous avons déjà vu précédemment, que l'autorité présente différens côtés ou parties, comme autant de ramifications de la même souche, sous le nom d'autorité législative, judiciaire, spirituelle.

A mesure que la société se développe, les détails de ces différens genres d'autorité se multiplient, et ils s'augmentent encore de diverses fonctions civiles et militaires. Chacun de ces modes d'autorité a une sphère d'activité déterminée, mais il se pourra que les uns prennent de la prépondéraice sur les autres, en empiétant sur leurs attributios. Il se pourra même que l'une de ces branches de l'autorité prenne un développement tel, que les autres en soient absorbées, en sorte que les indivdus qui se trouveront à la tête de ce mouvement deviendront de fait les souverains du pays.—Nous allons examiner les circonstances qui peuvent amener une telle révolution dans l'État.

En examinant la nature de l'État moderne, au chapitre suivant, l'occasion se présentera d'apprécier le développement que l'autorité législative est susceptible de prendre.

Quant à l'autorité judiciaire, nous ne connaissons pas d'exemple dans l'histoire, qu'elle eût acquis une si grande prépondérance, qu'il lui fût devenu possible d'arriver à l'autorité souveraine dans l'État. Néanmoins dans plus d'un pays, l'ordre judiciaire s'est développé de manière à prendre une véritable importance politique, qui dépassait de beaucoup les attributions du juge.

On a vu que le chef de la famille primitive en était également le pontife; et aussi longtemps qu'une autre religion ne s'introduit pas dans l'État, lui et ses successeurs consacreront leur suprématie spirituelle au milieu du développement que prend la famille. Ils pourraient la conserver encore, lors même que, par une raison quelconque, ils auraient perdu leur autorité temporelle. —Mais une nouvelle croyance peut pénétrer dans la société. Si le chef l'adopte, il sera forcé de reconnaître la supériorité spirituelle de ceux qui enseignent la nouvelle foi ; et il dépendra des circonstances que leur autorité spirituelle se constitue indépendamment de son autorité temporelle, ou que, à l'égard de leurs temporalités, ils se trouvent dans la dépendance du chef de l'État. Car en dotant la nouvelle église, il pourra s'en réserver le patronage, comme les particuliers conservent le patronage des établissemens religieux qui sont de leur propre institution.

Le chef de l'État obtiendrait naturellement la suprématie spirituelle dans la nouvelle religion, si lui-même devenait l'apôtre qui la propageât dans le pays (1). Mais si au contraire il la repousse,

---

(1) On pourrait citer, comme exemple de ce dernier cas, celui que présente l'histoire de Russie. Notre ancien analyste Nestor raconte, que les grecs, les catholiques, les mahométans et les juifs faisaient des tentatives pour convertir le grand-prince Wladimir ; que celui-ci écoutait volontiers leurs argumentations, mais ne pouvait se décider pour aucune de ces religions, malgré son intention d'abandonner la sienne. Ayant demandé l'avis de ses boyards, ils lui conseillèrent d'envoyer dix hommes experts dans les pays où ces différentes religions étaient professées, afin qu'ils eussent à les comparer sur les lieux et à choisir la meilleure. Cette ambassade eut lieu effectivement (ainsi

elle prendra une position hostile à l'égard de l'ancienne croyance. Les néophytes se verront alors dans la nécessité de s'unir d'efforts pour faire triompher leur doctrine; en sorte qu'il se formera entre eux une association plus ou moins nombreuse, plus ou moins étroitement unie selon les circonstances. Le chef de cette société théocratique

---

que le confirme encore un ancien manuscrit grec qui se trouve à la bibliothèque de Paris) et le prince se décida en conséquence pour la religion grecque. Mais trouvant indigne de lui de recevoir le baptême avec humilité, il voulut le conquérir en quelque sorte, et prit Cherson, ville qui était chrétienne, pour s'y faire baptiser.

Une telle conversion s'explique difficilement; car un changement de religion sans aucune conviction arrêtée d'avance paraît assez contradictoire. Il est vrai qu'il y avait des Normands qui trouvaient au-dessous de leur dignité de croire aux Dieux. «Es gab im heidnischen Norden Männer die nicht an die Götter glaubten, sondern sich auf ihre eigene Kraft verliessen. » (Geschichte des Schwedischen Volks und Reichs, von *Eckendahl*, t. I, S. 27.) — Wladimir était de cette même race et avait passé une partie de sa vie dans la patrie de ses aïeux. On pourrait donc croire qu'il y prit ce dédain pour les Dieux, si, d'un autre côté, il ne s'était fait remarquer par son zèle pour l'idolâtrie quelque temps encore avant sa conversion. Cette contradiction serait donc du nombre de celles qui n'admettent plus une explication historique et dont la solution doit être cherchée dans la psycologie. C'est ainsi qu'il serait possible de l'expliquer par le mépris que les différens missionnaires réussirent à inspirer au prince pour sa propre religion, sans qu'aucun d'eux pût le convertir à la sienne. — Quoi qu'il en soit, toujours est-il certain que Wladimir, en outre de son surnom de Saint, reçut encore celui d'égal aux apôtres, et que lui et ses successeurs restèrent les chefs de leurs évêques. — On ne saurait donc contester le droit originaire des souverains de Russie à l'autorité spirituelle dans leur église, qu'en récusant celui des apôtres et de leurs successeurs à la suprématie dans la religion qu'ils ont introduite dans un pays. C'est-à-dire que les adversaires de toute autorité spirituelle sont les seuls qui, de leur point de vue, puissent contester cette autorité aux souverains de la Russie.

se trouvera en hostilité avec le chef de l'État, aussi longtemps que leurs croyances seront différentes. — Si cette lutte se passait uniquement dans le domaine de l'intelligence, les résultats pourraient en être indifférens à l'autorité temporelle ; mais si la nouvelle croyance envahissait cette dernière aussi, l'État subirait une révolution et se constituerait en théocratie. — Et bien que primitivement l'association théocratique se forme pour assurer le triomphe d'une doctrine religieuse, plus tard, au contraire, c'est cette dernière qui devient une source d'autorité pour ceux qui en sont les interprètes et les gardiens. Le fondateur d'une religion ou ses successeurs peuvent songer à en garantir la durée, et par conséquent celle de leur propre autorité, à l'aide de certaines formes sociales. Dans ce cas, ils s'efforceront de modifier la constitution de l'État conformément à leurs vues; et il est à remarquer que, plus les dogmes religieux sont faux, et plus cette constitution sera forcée et contraire à la nature des choses, comme on en trouve des exemples dans quelques théocraties de l'antiquité.

Mais, de même que l'homme songe à sa félicité à venir, de même il a en vue celle de son existence terrestre. Et il y porte un intérêt d'autant plus vif, que la ferveur de sa foi diminue davantage. Cette tendance que provoquent certaines idées sur le bonheur terrestre des hommes, peut être qualifiée de tendance idéocratique. Elle recevra une nouvelle direction s'il s'y joint la conviction que certaines formes sociales favorisent particulièrement le bonheur des hommes et qu'elles peuvent même l'assurer. En se créant un centre d'unité et un moyen d'action, tels qu'elle les possède de nos jours dans la presse, elle en recevra, à son tour, une impulsion d'autant plus vive. Dès lors son importance dans l'État deviendra prédominante, ses manifestations et ses exigences prendront un caractère impératif; elle s'efforcera même d'accaparer l'autorité souveraine, et pourra y parvenir.

Nous avons fait mention précédemment de différentes fonctions civiles et militaires, en les regardant comme autant de ramifications de l'autorité. La nécessité de se défendre contre des ennemis du dehors ou de l'intérieur, la soif de la gloire et des conquêtes, ou un autre motif quelconque appellent aux armes toute société. Mais les chefs de la force armée pourront abuser de l'autorité qui leur aura été déléguée et en faire usage pour s'emparer du pouvoir souverain. Quelquefois aussi il arrive qu'un homme audacieux et entreprenant projette une entreprise guer-

rière, sans posséder les moyens de l'exécuter.
Il lui importera donc de réunir d'abord la troupe
nécessaire pour réaliser ses projets. Et il est évident que ce n'est qu'à certaines conditions qu'il
y réussira, principalement si son ascendant lui
assure une supériorité incontestable, et si ses intentions trouvent de l'approbation. En proclamant
le but qu'il a en vue, soit qu'il s'agisse de butin
et de conquêtes seulement, ou de défense contre
une agression, le chef militaire verra se ranger
sous sa bannière ceux qui seront disposés à le
suivre.

La société militaire pourra se dissoudre après
avoir accompli son entreprise; mais le sentiment
de sa propre sécurité peut aussi l'obliger à rester
réunie, en conservant même son organisation
militaire (1). Dans ce cas, elle communiquera à
l'État qu'elle aura transformé ou fondé à neuf,
l'esprit militaire qui règne dans une armée. —
La manière dont l'association s'est formée déter-
minera nécessairement la nature de ses rapports
avec son chef, et la mesure de l'autorité de ce
dernier. Son autorité sera impérative et exclusive,

---

(1) « Die Longobarden nannten sich noch lange nach der Erobe-
rung von Italien ein Heer. *Anmerk.* Man vergleiche Rotharis Gesetze,
wo die Longobarden felicissimus Exercitus genannt werden. » (*Leo*
Geschichte der Ital. Staaten, t. I. S. 69.)

comme l'exige la discipline d'une armée, ou seulement conditionnelle, et, dans ce cas, l'État militaire perdra aisément son caractère de sévérité et se transformera en État féodal.

Comme on vient de le voir, les fonctions militaires peuvent acquérir dans l'État de la prépondérance au point de devenir la source de l'autorité souveraine. Nous ne connaissons pas d'exemple historique que le personnel de l'administration civile d'un pays quelconque soit devenu également puissant. Cependant le développement que le service public a pris de nos jours est tel, qu'avec le concours de circonstances favorables, l'avenir pourrait bien nous présenter une nouvelle forme sociale comme bureaucratie.

Il suit de ce que nous venons de développer, que l'autorité ayant été séparée, d'après ses différens côtés, en parties distinctes, celles-ci peuvent se placer en opposition les unes avec les autres et produire de nouvelles formes sociales, qui porteront le caractère de cette partie de l'autorité qui a servi de base à leur développement.

Mais, de même que la société humaine en général se forme par génération ou par des besoins d'existence et de sécurité, les mêmes motifs produisent continuellement de nouvelles réunions au sein de la grande société ou de l'État. Ces moindres associations, auxquelles un intérêt commun d'industrie ou d'art peut donner un développement d'une certaine étendue, arrivent rarement toutefois à une importance politique assez considérable, pour que les chefs de la corporation puissent prétendre à l'autorité souveraine. Néanmoins les corporations se constituant fortement sur quelque point isolé, — comme on l'a vu arriver dans quelques villes au moyen âge, — elles pourront y acquérir une autorité souveraine, ou une autorité qui en approchera, si les liens de l'État se relâchent de telle sorte, que les villes elles-mêmes deviennent indépendantes.

CHAPITRE VII.

LA SOCIÉTÉ MODERNE.

—

§ I. — De la lutte des principes dans la société moderne.

Nous avons fait observer que la société humaine elle-même est le produit, tant de la génération, que du besoin que les hommes ont de l'assistance les uns des autres. Les formes sociales, au contraire, sont le résultat de la combinaison des idées sur le droit et la liberté, à une époque donnée. En parlant de ces formes sociales, au chapitre précédent, nous avons indiqué le point de naissance de la société moderne, et il nous reste maintenant à en montrer le développement ultérieur.

Le droit et la liberté ont tous deux le même principe spirituel, l'intelligence humaine pour cause ; mais ce principe, dans son existence terrestre, est réuni à la matière, et ils en viennent à l'opposition par ce côté matériel.

Le droit lui-même est la conséquence de la supériorité de l'esprit sur la matière, et c'est le développement de ce dernier élément qui constitue la base de l'autorité, opposée à la liberté des autres. C'est ainsi que le droit se montre contraire à la liberté par ce côté matériel, et nous allons voir que cette dernière se trouve dans le même cas.

La liberté est inhérente à l'intelligence humaine, à cause de l'essence spirituelle de celle-ci. Par son essence spirituelle, l'esprit est libre dans l'espace, ou plutôt l'espace même n'existe pas pour lui. Mais tel n'est pas son mode d'existence sur la terre, où il se trouve uni à un corps matériel, dont il ne peut se séparer que par la mort. Néanmoins le principe spirituel peut se détacher, jusqu'à un certain point, des liens qui l'unissent à l'élément matériel, en s'élevant au-dessus des influences de son corps, les passions, les désirs et autres tendances matérielles. Cet effort de maintenir la liberté de l'esprit, en se délivrant des influences sensuelles, se nomme vertu stoïque. Nous avons indiqué précédemment un autre côté de la liberté, celui par lequel l'homme tend à se dégager, non pas des liens de son propre corps, mais à dégager celui-ci des liens étrangers qui constituent l'autorité. Ce genre de liberté, qu'on nomme liberté politique, n'a, comme on le voit, rien de commun avec la vertu stoïque. Au lieu d'avoir une tendance vers l'absolu, comme celle-ci, elle s'efforce d'atteindre à un but matériel, l'affranchissement des liens du droit. Mais en arrivant à l'accomplissement exact de ce but, elle ne rencontre que la contradiction pure. Car nous croyons avoir suffisamment prouvé, que l'intention d'anéantir tout droit est une contradiction logique, puisqu'elle est contradictoire avec la nature humaine.

La liberté politique n'ayant d'autre tendance que celle de dégager son propre corps des liens d'un corps étranger, et de détruire ces liens du droit, ne consiste que dans la réaction matérielle d'un corps à l'égard de l'autre. Réaction produite par l'impatience de l'homme d'endurer des liens qui lui imposent des restrictions. — Et plus la société humaine se matérialise, plus cette tendance devient prononcée. Car la société matérialisée, en perdant de vue la source spirituelle du droit, cesse de le respecter, et trouve d'autant plus intolérables les conséquences de ce droit qui mènent jusqu'à l'autorité.

Cette tendance matérielle constitue la contrepartie exacte de l'autre abstraction extrême, que nous avons désignée sous le nom de vertu stoïque; celle-ci fait abstraction du corps, comme la liberté politique fait abstraction de l'esprit.

Mais ces deux extrêmes se rencontrent dès que leur valeur réciproque est admise, c'est-à-dire aussitôt que la supériorité de l'esprit sur la matière est reconnue, à côté de l'indépendance de l'individu de tout lien étranger. Ces conditions se retrouvent dans le droit réel avant qu'il ait produit le droit personnel comme conséquence ultérieure. La supériorité de l'esprit sur la matière est la source du droit réel, et cette même supériorité étant reconnue aux autres, il se forme ainsi des sphères de droits individuels séparées, et qui se trouvent matériellement indépendantes les unes des autres.

Nous nommerons liberté individuelle cette réconciliation des deux extrêmes de la liberté, dans la sphère du droit individuel. — Au lieu d'être hostile au droit individuel, comme la liberté politique, la liberté individuelle s'identifie, au contraire, à lui, et ne lui est contraire que par la tendance à en exclure les conséquences ultérieures qui mènent à l'autorité.

Mais en arrêtant ainsi le développement naturel du droit, la liberté individuelle se place aussi en opposition avec lui. D'un autre côté, la vertu stoïque est contraire au droit, puisqu'elle s'efforce de faire abstraction de la matière qui constitue un des élémens du droit. Et c'est ainsi que les deux côtés de la liberté, séparés ou réunis, se montrent essentiellement opposés au droit en général, quoique à des degrés différens, et particulièrement opposés au droit personnel ou à l'autorité.

Mais nous avons fait observer, au chapitre précédent, que l'autorité fondée sur la volonté de la majorité s'assimilait à l'autorité fondée sur le droit, en sorte que le premier de ces deux genres d'autorité, lorsqu'il acquiert de l'indépendance et cesse d'être un simple reflet de la volonté démocratique, se trouve également en opposition avec la liberté de cette volonté.

Cette hostilité de la liberté et de l'autorité est aussi ancienne que la société humaine elle-même, comme le prouve suffisamment le témoignage de l'histoire, qui nous apprend en même temps que cette hostilité se manifeste plus vivement à certaines époques qu'à d'autres ; et la nôtre est de tou-

tes, celle où elle s'est produite avec le plus d'intensité, ou du moins sur une plus grande échelle que
jamais. La cause en est à la grande extension que
le développement intellectuel a prise dans la société moderne ; car ce développement s'étant commu-
niqué aux masses d'une manière plus ou moins
sensible, elles sont entrées en lice , en compensant
par la force de leurs passions ce qui leur manque
en intelligence claire de la question débattue.

Cette question a été comprise d'une manière plus
ou moins complète; elle a été suivie dans tous ses
détails, et une double science s'est constituée à l'appui de l'autorité , comme à celui de la liberté.

Non pas que , d'un côté ou de l'autre, on ait pu
nier complétement l'existence du principe contraire, car on s'est convaincu que tous deux sont
fondés sur la nature humaine. Mais il s'est agi de
savoir auquel des deux appartient la prépondérance,
puisqu'il ne pouvait être question de la troisième
alternative, celle qui consisterait dans l'équilibre
parfait des deux principes. Un équilibre parfait entre deux principes vivaces et opposés ne peut avoir
lieu que momentanément. Ce moment est précisément celui où l'élément inférieur, prenant du développement à son tour , contre-balance l'élément
opposé , avant de le dépasser. Et encore ce moment
même ne se présente-t-il que dans le cas où le

développement de l'élément inférieur se ferait d'une manière progressive, ce qui n'arrive plus lorsque le passage d'un élément à l'autre est subit et marqué par une commotion ou une révolution violente.

Cependant comme le degré de cette prépondérance varie à l'infini, à compter depuis le moment le plus rapproché de l'équilibre jusqu'à celui qui est le plus proche de l'abstraction pure de l'un des deux élémens, il en résulte une grande diversité d'opinions au sein même de chacune des deux grandes divisions politiques. Mais leur tendance générale étant la même, elles ont les mêmes mots de ralliement : les unes, la liberté; les autres, l'autorité, qu'on désigne aussi sous le nom de légitimité.

Néanmoins, de même qu'à toutes les époques de l'histoire, de nos jours aussi, la tendance du développement intellectuel porte un certain caractère de généralité, qu'on retrouve au milieu même de la lutte des deux élémens sociaux. Il y a ainsi, sur certains points, accord entre les deux opinions opposées. Mais nous nous réservons de constater ce fait plus loin et d'établir d'abord la différence qui s'y manifeste.

Nous avons déjà montré, qu'aucun des deux élémens sociaux ne peut exclure l'autre d'une manière complète, en sorte que les deux opinions qui représentent ces élémens, sont forcées de reconnaître chacune l'existence de l'élément opposé. Mais chacune d'elles n'admet, que comme motif secondaire, le motif principal de l'autre, et leur hostilité résulte de cette lutte pour la supériorité.

Les partisans de la liberté veulent que celle-ci prédomine dans l'État, et comme l'idée de la liberté constitue l'essence de la volonté humaine, ils exigent que l'autorité, les lois et les droits, tout l'ordre social, en un mot, soit soumis à cette volonté. Mais les volontés individuelles, à cause même de leur liberté, ne pouvant être toujours unies dans une volonté générale, on a supposé que celle du grand nombre devait représenter cette union. Et la science, s'emparant de cette tendance, s'est attachée à prouver, que la majorité doit faire autorité, et que dès-lors le but social se trouve atteint.

Dans ce système, la liberté individuelle n'a pas de place, parce qu'elle est identique avec le droit réel, que la liberté générale ou politique anéantit; en sorte que la liberté individuelle est absorbée par la liberté générale. Il est à observer néanmoins, que la liberté individuelle se soumettra avec d'autant moins d'efforts à la liberté générale, qu'il y aura conformité de volonté dans la société; ce que les anciens comprenaient si bien, qu'ils s'efforçaient d'amener cette conformité par l'édu-

cation uniforme des citoyens de la république.
Comme cependant l'éducation ne saurait atteindre
ce but que d'une manière imparfaite, il y aura
toujours de la différence entre les volontés individuelles de la société. Mais cette différence peut
être ramenée à l'unité, si les uns imposent leur
volonté aux autres. Dans ce cas, on verra paraître la même inégalité qui constitue l'essence
de l'autorité, mais sous un autre nom, celui
de liberté ou de volonté générale.

Dès-lors la lutte change de face ; la liberté elle-
même étant devenue autorité, ce sont au fond
deux libertés différentes, la liberté générale, ou
celle du grand nombre, et la liberté individuelle,
ou celle du petit nombre, qui se trouvent en
opposition, l'une d'elles ayant seulement pris les
attributions de l'autorité.

Cette autorité se montre opposée à l'autorité
fondée sur le droit, aussi long-temps qu'elle conserve le caractère de son origine démocratique,
puisqu'elle n'est que l'expression de la volonté du
peuple et qu'elle reste par conséquent aussi mobile
et aussi changeante que celle-ci l'est de son essence.

— Et tout l'ordre social étant considéré, en théorie du moins, comme un produit de cette volonté,
il peut être changé arbitrairement, si telle est la
volonté de la majorité véritable ou supposée.

Nous établissons cette distinction à l'égard de la majorité, parce qu'elle peut aussi aisément être vraie que fictive. Dans un pays qui a une étendue considérable, il y a impossibilité physique de connaître la volonté de plusieurs millions d'individus sur chacune des questions compliquées de législation qui se présentent en plus grand nombre à mesure que la société humaine se complique. Cette impossibilité de connaître la volonté de la majorité a donné lieu à la représentation politique; c'est-à-dire, le grand nombre ne pouvant exprimer directement sa volonté, — est représenté par un nombre moins considérable. Car dans la société où la souveraineté du peuple est reconnue, la représentation ne peut avoir d'autre signification logique, que celle de réduire la masse du peuple à de moindres proportions. Mais dans ce cas même, la volonté des représentans pourrait être tout autre que celle des représentés, à moins que les premiers n'eussent à suivre des instructions expresses sur une question particulière. La volonté de la majorité se trouve exprimée d'une manière bien plus imparfaite encore, par suite du développement particulier que l'idée de la représentation a pris dans la société moderne.

On l'a vue naître à l'époque où la société européenne portait le caractère de la féodalité, lorsque les intérêts particuliers avaient pris une tendance plus générale. D'abord c'étaient quelques grands vassaux qui se réunissaient, sur l'invitation expresse du souverain, pour délibérer en commun. — A mesure que les différens états ou conditions sociales acquirent la conscience de la communauté de leurs intérêts, et de l'opposition dans laquelle ils se trouvaient avec les intérêts des autres états de la société, on vit se former des rapports particuliers entre les individus de chaque état. Et ces rapports étaient d'autant plus intimes, que la nécessité d'une garantie de sécurité se faisait sentir plus vivement. Les intérêts des membres d'un état social étant identiques, ils pouvaient en confier le soin sans hésitation à quelques individus pris au milieu d'eux ; s'il s'agissait d'accorder les intérêts des différens états, à une assemblée commune.

C'est ainsi que, dans la société féodale, on vit admettre, par représentation, chaque état au conseil du souverain, à mesure qu'il acquérait de l'importance. Mais dans ces réunions féodales, certaines classes seulement de la société étaient représentées, chacune séparément, et cet isolement avait même passé en principe, en sorte que les états contribuaient séparément aux charges du pays. Cependant il est à remarquer, qu'au sein de ces classes, le principe de la majorité obtenait une valeur de plus en plus exclusive.

De même que l'importance individuelle s'effaçait dans l'état féodal, à mesure que les classes sociales prenaient plus d'extension et de généralité; de même, la signification de ces classes a été absorbée, à son tour, par une tendance plus générale encore. Et bientôt la grande diversité d'intérêt local ou de corporation s'est trouvée réduite à une seule distinction, celle de la tendance aristocratique, opposée à la tendance démocratique. Mais cette distinction étant elle-même relative, et plus dépendante encore de l'opinion individuelle, que de la différence des intérêts, ne se présente plus comme classification exacte en réalité.

La représentation nationale, en suivant ces différentes phases sociales, a fini également par ne plus offrir que le même caractère de division vague et changeant.

La tendance aristocratique se distingue de la tendance démocratique, en ce qu'au lieu de prendre le caractère de généralité de cette dernière, elle s'efforce, au contraire, de se particulariser. C'est ainsi que l'esprit aristocratique tend à conserver à une ou plusieurs classes les avantages sociaux dont elles se sont mises en possession, à les augmenter encore, au moyen de priviléges, et à s'assurer une position indépendante dans l'État. Mais si l'aristocratie est trop faible pour se maintenir par sa propre puissance, elle cherchera un appui, soit dans le monarque, soit dans le peuple, selon les circonstances et les dispositions plus ou moins favorables à son égard, de l'un ou de l'autre. La tendance naturelle de l'aristocratie consiste ainsi à se maintenir envers et contre tous; c'est pourquoi elle a sa véritable base dans la société féodale, où les tendances individuelles, comme celles des classes sociales séparées, trouvent une libre carrière.

La tendance démocratique, qui n'est autre que celle de la liberté politique personnifiée, en devenant plus générale, absorbe de plus en plus la tendance aristocratique, et c'est ainsi que le mouvement politique se simplifie jusqu'à se réduire à l'opposition des deux principes de la liberté et de l'autorité.

Cependant la tendance démocratique se sentant faible, vis-à-vis de l'autorité forte et unie, a dû s'attacher principalement à la diviser, afin de l'affaiblir. Et c'est à l'aide de la science qu'elle s'est efforcée d'atteindre ce but. De là les théories sur la division des pouvoirs, qu'on a prétendu motiver de différentes manières.

C'est ainsi qu'on a voulu établir que les droits individuels trouvent plus de sécurité quand l'autorité est exercée par un grand nombre d'individus, au lieu de l'être par un seul. Mais il est à observer que l'intérêt personnel des individus, ou de la majorité des individus exerçant l'autorité, peut les réunir sur une question sociale. Dans ce cas, cette sécurité diminuera d'autant plus, que chacun des individus qui participent à l'autorité, se confondant dans le nombre, est moins exposé à encourir la responsabilité personnelle d'un acte oppressif, que ne l'est un seul, dans un cas pareil. On a prétendu aussi, que l'État où la division des pouvoirs est établie, qu'on désigne par *État constitutionnel*, doit être mieux administré, parce que les questions sociales y étant discutées par un grand nombre d'individus, et influencées par l'opinion publique, doivent être mieux éclaircies. C'est à l'expérience à nous apprendre s'il en est effectivement ainsi, et si en pareil cas la préférence doit être accordée au nombre sur la spécialité (1). — De nos

______

(1) Nous citerons comme extrême de l'opinion contraire, les autorités suivantes que *Pufendorf* a réunies : « Numerantur sententiæ non ponderantur ; nec aliud in publico consilio potest fieri, in quo nihil est tam inæquale quam æqualitas ipsa. » (Plinius, lib. II, epist. 12.) « Non tam bene cum rebus humanis agitur ut meliora pluribus placeant ; argumentum pessimi turba est. » (*Seneca* De beata vita, c. 2.) Phocion ayant été applaudi par la foule, se tourna vers ses amis et leur demanda : Aurais-je par mégarde dit quelque sottise ? (*Plutarque*, Apophth.)

jours, comme de tout temps, les grandes capacités percent la foule et se placent en évidence, au moyen de la réputation qu'elles acquièrent. Elles peuvent alors être appelées aux conseils du souverain aussi bien qu'à ceux du peuple, d'autant plus qu'il est de l'intérêt de toute autorité d'être bien informée, et assistée des lumières d'individus supérieurs. Il est même à remarquer que le souverain, à cet égard, est plus libre dans son choix, qu'une assemblée représentative, dont l'accès peut être subordonné à des conditions qui, dans bien des cas, en excluraient justement les capacités.

On pourrait du reste alléguer d'autres motifs encore pour ou contre la forme sociale constitutionnelle; mais comme ces motifs sont uniquement subjectifs, ils n'ont de valeur que sous le point de vue démocratique. Car ce n'est qu'en subordonnant à la volonté de la majorité tous les rapports sociaux, et en lui accordant la faculté de les modifier arbitrairement, que la discussion sur la meilleure forme sociale peut avoir une signification véritable.

L'idée de la division de l'autorité ou des pouvoirs est subjective, comme nous venons de le dire, parce qu'elle ne peut pas être déduite de l'idée même de l'autorité. L'idée de l'autorité démocratique, loin de motiver la séparation, mène, au contraire, à l'idée de l'unité, puisque cette autorité est redevable de son origine à la discorde, et qu'elle ne saurait ainsi contenir elle-même la séparation, dont il pourrait résulter de nouveaux conflits. Quant à l'autorité fondée sur le droit, elle subira les vicissitudes de celui-ci, et restera ainsi, selon les circonstances, unie, comme nous l'avons vu dans l'État patriarcal, où elle n'était morcelée qu'à cause de l'impossibilité de l'exercer dans toute son étendue ; ou bien elle suivra le partage et les autres conditions du droit, comme il arrive dans la société féodale.

Vouloir déduire d'une manière dialectique le partage nécessaire de l'autorité en un certain nombre de parties, n'est donc qu'une pure subtilité sans base rationnelle, imaginée en faveur de la liberté politique. Aussi voit-on se modifier cette idée selon la convenance des partis et des intérêts qui se trouvent en opposition.

C'est ainsi que la lutte de l'autorité spirituelle avec l'autorité temporelle a produit la théorie qui établit la nécessité de diviser ces deux autorités. —Montesquieu a accrédité la théorie de la division de l'autorité en trois pouvoirs, et cette théorie s'explique aussi par les circonstances au milieu desquelles elle a pris naissance. En France, l'autorité que les parlemens avaient acquise dépassait

considérablement les attributions originairement
judiciaires de ces corporations. En Angleterre,
un autre parlement, de composition différente,
exerçait une part d'autorité bien plus étendue
comme autorité législative. Et Montesquieu, voyant
le développement qu'avaient pris ces deux pouvoirs, en a inféré leur indépendance nécessaire
de toute autorité supérieure.

Le fait est que l'indépendance du pouvoir judiciaire ne peut affecter que médiocrement l'autorité
souveraine, si ce pouvoir se borne à exercer la
justice, et ne manifeste pas la tendance d'élargir
son activité. On peut en dire autant du pouvoir
législatif, s'il n'a d'autre but que la législation,
considérée comme réalisation de l'idée de la justice,
puisque, dans ce cas, il aura une sphère restreinte
et déterminée d'activité. Mais lorsque la législation
devient l'expression de la volonté souveraine du
peuple, à laquelle tous les rapports sociaux se
trouvent subordonnés, dans ce cas, exercer le
pouvoir législatif signifie posséder la part principale de l'autorité.

De nos jours, on a presque perdu de vue le
pouvoir judiciaire, comme moyen d'opposition à
l'autorité souveraine ; et toutes les tendances démocratiques se sont portées vers les assemblées
législatives.

Celles-ci sont toutes-puissantes là où elles font la loi au nom du peuple souverain ; ailleurs, elles tendent vers cette suprématie, à l'aide de principes et de théories démocratiques qui représentent toute autorité comme émanation de la volonté du peuple. — Dans l'intérêt de ces tendances, de nouvelles idées sur la division de l'autorité sont mises en circulation de temps à autre. Une des plus récentes est celle qui exige que les souverains partagent leur autorité avec les personnes mêmes auxquelles ils en auraient confié l'exercice, ou plutôt à la leur abandonner pendant la durée de leurs fonctions.

Quelquefois ces différentes théories se comportent mutuellement ; d'autres fois elles veulent se maintenir d'une manière exclusive. En sorte que la théorie, par exemple, qui exigerait la séparation de l'autorité en pouvoir spirituel et temporel, n'admettrait pas l'application des mêmes argumens dont elle fait usage à la séparation ultérieure de l'autorité temporelle, qu'elle combattra même de son mieux.

C'est ainsi que l'autorité peut être divisée de différentes manières, selon le principe qu'on adopte comme base de la séparation ; mais le résultat en sera toujours le même : l'autorité souveraine sera affaiblie par cette séparation.

L'autorité ayant été séparée, ses parties pourront recevoir une interprétation ou un sens différent, en sorte que l'une d'elles sera censée rester fondée sur le droit, tandis que l'autre deviendra l'expression de la volonté du peuple. Mais l'homogénéité y sera restaurée, si l'autorité change tout entière de signification, ou si la partie qui en a été détachée revient au sens véritable de la nature.

Cependant il est dans la nature des choses que l'autorité qui se voit attaquée ainsi dans son essence intime, se montre hostile au principe qui est la cause du mouvement qui la menace. Ce principe opposé à l'autorité, est celui de la liberté. Mais la liberté est de nature différente, et celle que nous avons nommée liberté individuelle identifie son existence avec le droit individuel. L'autorité légitime repose sur cette même base, et il lui importe ainsi de veiller à ce que la base de sa propre existence reste intacte. Dans ce sens, la tendance de l'autorité et celle de la liberté individuelle sont identiques. Mais, d'un autre côté, elles se montrent opposées par la tendance de la liberté à maintenir l'indépendance de l'individu dans l'intérieur d'une sphère particulière, et à repousser l'autorité qui tenterait d'y pénétrer. Cependant cette résistance n'est que passive, et moindre que la résistance que le principe de la liberté individuelle oppose à la liberté générale. Celle-ci s'efforce de l'absorber elle-même en s'attaquant à sa base, le droit individuel, tandis que ce danger ne saurait la menacer du côté de l'autorité légitime, forcée de respecter dans le droit la source de sa propre existence.

Il s'ensuit que non-seulement la liberté individuelle peut être tolérée par l'autorité légitime, mais encore qu'elle y trouve un appui certain contre la liberté générale ou démocratique. Si néanmoins on voyait, dans la réalité, l'autorité légitime se montrer hostile à la liberté individuelle, la cause en serait uniquement à ce qu'on ne distingue pas suffisamment les différens genres de liberté, en sorte que l'autorité est portée à supposer une tendance hostile, au même degré, à toute manifestation de la liberté.

On voit, d'un autre côté, des théories démocratiques, surtout si elles ne sont pas trop prononcées, admettre la liberté individuelle. Cette concession faite à la nature humaine, est contraire à la logique de l'opinion extrême, qui veut la liberté générale au milieu d'un droit général, puisque, dans ce cas, ni la liberté, ni le droit individuels ne devraient trouver de place dans la société.

§ **II.** — **De l'unité des principes dans la société moderne.**

Nous avons montré déjà que la liberté générale ou démocratique produit l'autorité démocratique ; c'est ainsi que, de ce côté, ces deux principes s'identifient, de même que, de l'autre côté, l'autorité légitime s'identifie également avec la liberté individuelle. En sorte que, si l'autorité et la liberté sont opposées, à certains égards, on les voit tomber d'accord sous d'autres rapports.

Nous sommes arrivés ainsi au point où les deux principes sociaux de la liberté et de l'autorité s'identifient par leur essence même, qui n'est autre que l'intelligence de l'homme. Elles ne sont que des manifestations différentes de cette intelligence, mais elles en viennent à l'opposition par leur côté matériel. — C'est pourquoi on observe la tendance d'un rapprochement entre ces deux principes de l'autorité et de la liberté, au milieu même de leur antagonisme, à toutes les époques historiques qui marquent le développement de l'esprit humain.

A mesure que l'homme porte son investigation sur les différens objets qui l'intéressent, il s'efforce aussi de pénétrer la nature des rapports sociaux. Ceux-ci n'ont que la même source spirituelle, l'intelligence humaine, mais ils montrent une double face dès qu'on arrive à leur élément matériel, ainsi

qu'on a pu l'observer dans le cours de tout cet
ouvrage. Chacune de ces faces peut servir de base
à un système scientifique complet, puisqu'il embrasse tous les rapports sociaux, — mais abstrait
aussi longtemps qu'il y est fait abstraction de
l'autre côté. Et c'est ainsi qu'une double science
de l'État s'est formée, aussi opposée que les principes qui lui servent de base sont opposés dans
leur abstraction.

Mais nous avons trouvé un milieu, où ces extrêmes abstraits se balançaient réciproquement.
Et quoique ce milieu ne corresponde, exactement
parlant, qu'à un moment, ce moment peut obtenir de la durée, si la tendance à le fixer se manifeste. Cette tendance existe dans la société moderne, puisqu'en pratique on s'y éloigne des théories extrêmes, pour se maintenir dans un certain
milieu, où les principes contraires se comportent
mutuellement.

C'est ainsi que la pratique se place, dans la société moderne, en contradiction avec les théories
scientifiques, extrêmes dans l'un ou l'autre sens,
au risque même de déroger à la logique. Mais il
suit de ce que nous avons dit sur la conciliation
des extrêmes, que cette inconséquence de la pratique politique n'est qu'apparente, et qu'elle résulte de la conscience intime que l'homme possède

de l'identité des principes sociaux, malgré l'opposition que la science y a découverte, et qu'elle a
fait ressortir par là même d'une manière plus prononcée encore.

La pratique moderne, en déterminant ainsi la
mesure de la liberté et de l'autorité, ne se rapporte qu'à la totalité de cette dernière ; en sorte
que ce sont, d'un côté, les différentes parties du
gouvernement constitutionnel, prises dans leur
ensemble, et l'autorité indivise, de l'autre côté,
dont le rapport avec la liberté est, de nos jours,
appréciée d'une manière assez uniforme.

Cependant on voit des États participer au mouvement intellectuel de l'Europe moderne, et maintenir néanmoins l'esclavage, que l'esprit du temps
réprouve péremptoirement. — Ce fait s'explique
différemment, selon le principe constitutif de
chaque État.

L'esclavage est parfaitement motivé à toute
époque dans le pays où la volonté de la majorité
est considérée comme la somme unique de toute
liberté et de tout droit. Dans ce cas, la volonté
seule de la majorité suffit pour maintenir dans
l'esclavage la minorité, surtout si une couleur
différente la distingue d'une manière plus évidente
encore.

Dans l'État sévèrement légitime, l'esclavage

peut être une conséquence du respect que le droit inspire à l'autorité. Elle en mitige la rigueur dans tous les rapports qui la concernent directement, mais ne touche pas à ceux qui se sont formés entre les autres membres de la société, quand même elle en réprouverait la rigueur, et que cette rigueur serait contraire aux idées de l'époque sur l'étendue du droit. Elle préfère que l'émancipation des esclaves soit accomplie volontairement par la classe privilégiée, que de lui en imposer l'obligation péremptoire ; car l'autorité, qui a le droit pour base, doit hésiter à faire arbitrairement usage de la force, puisque ce principe est essentiellement opposé au droit, et qu'il est par conséquent destructif de la base même de sa propre existence.

Mais quelle que soit la différence que la consécration partielle de l'esclavage introduise dans la société moderne, elle est tout entière d'accord sur ce point, que les droits et la liberté individuels doivent être surbordonnés aux exigences nécessaires à l'existence de l'Etat. Ce qui signifie que l'existence générale des individus composant la société comprend l'existence individuelle et tous les droits qui s'ensuivent, en sorte que, plus l'existence générale a d'exigences, plus les existences individuelles s'en ressentent.

Les deux systèmes, dont l'un représente principalement l'idée du droit, — l'autre celle de la liberté, doivent se rapprocher et se rencontrer enfin sur un point intermédiaire, à mesure que chacun d'eux admet, dans une plus grande proportion, le principe qui lui est contraire. C'est ainsi qu'ils se rencontrent sur l'idée de cette nécessité sociale, dont nous venons de parler, et qui figure dans les théories scientifiques sous le nom de but social. — Le système démocratique y arrive, parce que l'existence générale est la seule qui ait de la valeur pour lui, comme représentant, sous un autre point de vue, la volonté de la majorité, laquelle est libre de déterminer les conditions de l'existence individuelle et le degré de son indépendance. — Le système de la légitimité en vient au même point, si l'on renonce volontairement à l'interprétation extrême du droit, et si l'on reconnaît les existences individuelles, mais à condition qu'elles restent subordonnées à l'existence générale de l'État.

Cette différence entre le droit général et le droit particulier, a donné lieu à la dénomination de droit public et de droit privé. — Le droit public est ainsi de sa nature essentiellement positif, puisqu'il résulte de la combinaison des idées du droit et de la liberté, combinaison qui varie chez chaque peuple, à des époques données.

Les existences individuelles étant, comme nous

venons de le dire, subordonnées au but social
dans la société moderne, on en a inféré que toute
société ne se constitue que pour remplir cet objet.
— Le contenu de cet ouvrage prouverait, au contraire, que la société est un produit de la nature
humaine, et qu'elle en suit les différentes phases.
— D'abord l'intelligence se trouve subordonnée
aux besoins matériels de l'homme, et n'ayant
d'autre tendance que celle d'y satisfaire, elle n'y
procède que d'une manière presque instinctive.
Ensuite on la voit s'élever au-dessus de cette hum-
ble position, et acquérir la conscience de sa propre
signification et celle de ses tendances. Ce n'est
qu'alors qu'elle est à même d'apprécier la nature
des rapports sociaux, de les comprendre dans leur
ensemble, et de leur imprimer un caractère ou
une direction conforme à ses propres intentions.
Subordonnée ainsi aux rapports sociaux, en premier lieu, l'intelligence n'est à même de les comprendre et de les dominer que lorsqu'elle arrive à
un état de développement plus avancé.

Mais au milieu même de cet accord de la société
moderne sur la mesure relative de l'existence générale et de l'existence individuelle, la divergence
de ses principes élémentaires se manifeste de nouveau. Car, dès qu'il s'agit d'apprécier les exigences
de l'État, l'opposition des opinions se manifeste

sur la manière d'y procéder. C'est ainsi que les uns revendiquent la faculté d'apprécier les besoins de l'État en faveur de l'autorité indivise, — et que les autres ne l'accordent qu'à une fraction de l'autorité, — celle qui représente la volonté du peuple.

La scission de principes politiques constitue ainsi le caractère distinctif de la société moderne, puisqu'elle se manifeste au moment même où ces principes viennent à se rencontrer.

CHAPITRE VIII.

—

DE L'ORGANISME SOCIAL.

Nous avons vu que les deux principes du droit et de la liberté ont leur source dans la nature humaine elle-même. Mais néanmoins celle-ci se trouve froissée de la lutte qui s'engage entre eux, quel que soit le degré intermédiaire auquel cette lutte se réalise comme forme sociale. Car, dès que l'antagonisme des principes ne trouve pas le repos dans un équilibre parfait, l'un ou l'autre côté de la nature humaine est comprimé par la prépondérance qu'acquiert le côté qui lui est opposé.

C'est ainsi que toutes les formes sociales, en froissant la nature humaine plus ou moins vivement, lui seraient toutes pénibles à endurer, si un autre élément social ne tempérait l'âpreté de ces formes. Cet élément, qui épanche ainsi sa bienfaisante influence sur les rapports sociaux et y réconcilie les hommes, n'est autre que le sentiment.

Nous en avons indiqué déjà l'existence dans la famille simple. Mais il y a différence entre les liens du sentiment liant l'enfant à ses parens et ceux qui l'attachent à ses frères et à ses sœurs. Dans la famille agrandie, cette différence devient plus grande aussi. Il y a plus d'affection pour le père et plus de respect pour l'aïeul. A mesure que la famille s'accroît, à mesure que le nombre des degrés de parenté augmente, dans la même proportion aussi diminue la force des liens du sang entre ces parens éloignés. Les hommes ne sympathisent entre eux que par les liens du sentiment personnel ou par différens points de contact où ils s'unissent, et entre proches et parens, il y a plus de ces rapports qu'avec des étrangers.

Cet ordre naturel peut cependant être interverti, par suite de circonstances ou de rapprochemens particuliers ; en sorte que l'homme s'attachera plus intimement à un étranger qu'à ses parens les plus proches. C'est ainsi que les liens qui unissent le disciple au maître, les liens qui s'établissent entre les hommes, par suite de quelque bienfait signalé, dépassent souvent en intensité les liens les plus forts de la parenté.

Mais ces rapprochemens entre étrangers ne sont qu'accidentels ou personnels et d'une portée limitée; et il existe une cause d'union pour la société humaine plus générale dans ses effets. C'est celle qui résulte de cette combinaison d'identité d'origine et de langage, de caractère et de tendance intellectuelle qu'on nomme nationalité. Combinaison qui n'est qu'une conséquence de celle de l'esprit avec la matière dans l'homme, et qui ne saurait ainsi être expliquée d'une manière satisfaisante, que si la nature humaine l'était elle-même (1). Cet élément de nationalité où se rencontrent les sympathies des individus de la même société, tempère en grand, de même que les liens de famille et autres mitigent en petit, ce qu'il y a d'âpre dans les rapports réciproques des hommes. La nationalité devient ainsi une cause efficace d'unité sociale, et les individus qui subissent son

---

(1) « Es kommt bei allen irdischen und menschlichen Dingen auf Ort und Zeit, so wie bei den verschiedenen Nationen auf ihren Charakter an, ohne welchen sie nichts vermögen. Wunderbare, seltsame Sache überhaupt ists um das was genetischer Geist und Charakter eines Volks heisst. Es ist unerklärlich und unauslöschlich, so alt wie die Nation, so alt wie das Land das sie bewohnt. » (Ideen zur Philosophie der Geschichte der Menschheit. v. *Herder*. T. III. S. 53.)

influence se nomment dans leur ensemble une nation.

La nation se distingue de l'État par une conformité de caractère, de langage, de mœurs, etc., qui peut manquer dans ce dernier. Mais, d'un autre côté, il y a dans l'État un lien extérieur qui n'existe plus dans la nation, lorsqu'elle s'est séparée en parties indépendantes l'une de l'autre. Une telle séparation, si elle était complète, serait aussi dangereuse pour la durée des différentes unités sociales, qu'une réunion extérieure de plusieurs nations est propre à les assimiler.

Cependant les individus qui appartiennent au même État tiennent encore de plus près les uns aux autres, qu'aux hommes qui leur sont tout-à-fait étrangers. Avec ceux-ci il ne leur reste qu'un seul rapport, la qualité d'homme qui leur est commune. Cette dernière unité embrasse le genre humain dans sa totalité, en sorte que les nations et les moindres sociétés ne sont que des parties de cet ensemble.

Une des parties de la philosophie, la science de la morale, s'occupe de cette dernière et plus haute identité des hommes. Comme cette science est étrangère à celle du droit, nous ne saurions nous y arrêter que pour indiquer la ligne de démarcation qui les sépare.

La science du droit et celle de la morale procè-
dent toutes deux de la supériorité de l'esprit sur la
matière. Mais la première suit l'esprit dans l'acte
par lequel il asservit la matière à ses fins ; l'autre
observe l'esprit dans sa tendance à maintenir sa
supériorité sur la matière par l'isolement. — La
seconde proposition qui s'est offerte à nous, comme
développement à l'idée du droit, se retrouve également dans la morale, ainsi que dans toute autre
science philosophique; c'est celle qui établit l'égale
valeur spirituelle de tout individu humain. Par
suite de cette idée que nous avons nommée justice,
l'homme se borne, sous le point de vue du droit,
à respecter la personnalité d'autrui. Mais il est capable d'un effort plus sublime, sous le point de vue
de la morale. En reconnaissant dans son semblable
un être d'égale nature à lui-même, il sait non-seulement contenir les tendances égoïstes qui le porte-
raient à empiéter sur un droit étranger, mais il
les comprime d'une manière plus complète encore ;
et fait le sacrifice volontaire de ses propres droits
en faveur de son prochain, dont la faiblesse et les
besoins réclament son assistance. C'est ainsi que
la même idée qui se nomme justice en droit, devient bienfaisance, humanité, miséricorde, etc.,
en morale, — et se rencontre par ses effets avec le
sentiment religieux de l'amour de son prochain,

point de contact où s'identifient la morale et la religion.

Comme libre manifestation de la volonté, cette
abnégation morale ne saurait être rendue obligatoire par autorité humaine, puisque, dans ce cas,
son essence, sa spontanéité et sa liberté se trouveraient méconnues. C'est pourquoi la morale ne se
prête pas à devenir la base des rapports sociaux,
puisque les hommes ne l'observent pas tous sponta-
nément, à cause de la diversité de leurs natures,
et que, d'un autre côté, elle ne saurait être rendue
obligatoire, sans changer elle-même de caractère.
Mais nous avons montré aux chapitres III et IV, que
le principe de la justice ne changeait pas de nature, soit qu'il fût librement observé ou imposé
forcément ; et il s'ensuit que ce principe peut servir de base générale aux rapports sociaux.

Le développement ultérieur de l'idée de la justice qui motive la rétorsion, correspond, en morale, aux devoirs que l'homme est obligé de remplir, par égard pour sa propre dignité, dont la
perte provoquerait, de la part de ses semblables,
une rétorsion morale qui se manifesterait par le mépris. — Mais ces devoirs qu'imposent les promesses,
la gratitude, l'honneur, etc., continuent d'être
uniquement spirituels, aussi longtemps que la matière du droit ne vient pas s'y mêler. C'est pourquoi

ils ne sauraient non plus être rendus obligatoires par la force; car la force étant un élément matériel , ils se trouveraient de cette manière attirés dans la sphère de la matière.

Nous avons montré qu'il s'établit dans la famille agrandie une succession non interrompue de chefs, indéterminée d'abord , mais réglée plus tard par un ordre quelconque. Cette institution contribue à consolider l'unité de toute société où elle se retrouve; mais elle varie selon l'élément qui y prédomine. C'est ainsi que dans la société patriarcale, aussi longtemps qu'elle se conserve dans sa pureté, l'âge des individus de la famille souveraine devient de première considération pour la succession au trône , et ce n'est que par suite des dissensions qui résultent de cet ordre de succession, souvent vague, que la primogéniture s'y introduit. — Cette dernière seule constitue la qualification essentielle du successeur dans l'État féodal , puisque les conventions, qui forment le trait caractéristique de cette société, pouvant être observées par chacun, l'individualité y est de moindre importance qu'un ordre de succession régulier.

Dans l'État commercial, le pouvoir dépend de la possession de grands moyens pécuniaires, en sorte qu'il pourra être conservé dans la même famille, ou passer à d'autres , si elle perdait ses ressources pécuniaires, sans avoir préalablement trouvé une autre base de puissance.

Le chef de l'État militaire ne peut songer à assurer la souveraineté à sa famille, que s'il s'y trouvait un individu doué de qualités guerrières, seule condition morale qui ait de la valeur aux yeux d'une armée : autrement le pouvoir sera à celui qui saura gagner la troupe. Celle-ci disposera à volonté du trône, dès qu'elle aura acquis le sentiment de sa force. L'élection du souverain est même si conforme à l'esprit de l'État militaire, que si l'on voyait s'y établir l'ordre de succession de la famille, il faudrait en conclure que son type primitif s'efface.

Les sociétés théocratique et idéocratique, ayant leur source dans les tendances de l'intelligence humaine, le motif de succession au pouvoir doit y être cherché dans la supériorité intellectuelle. Nous voulons dire, que l'individu qui aurait le mieux saisi le sens de la doctrine qui a produit ces États, et dont l'autorité dans le domaine de l'intelligence serait la plus imposante, est le mieux qualifié pour y exercer l'autorité souveraine ; et c'est pourquoi un trône électif est le plus conforme à leur esprit.

C'est ainsi qu'il se forme dans l'État un enchaînement solide, auquel se rattachent les intérêts matériels de la société, et qui en maintient l'unité extérieure. Mais l'individu faisant le dernier anneau de cette chaîne, devient un centre, où peuvent se rencontrer aussi les sentimens de tous les membres de la société. C'est lui qui étend sa protection et ses bienfaits sur tous; tous lui doivent un sentiment de piété pour le bon usage qu'il fait de sa puissance et pour le mal dont il s'abstient, les souvenirs de la gloire et des grandeurs de l'État se rattachent à lui, de même que les espérances d'une prospérité future.

Nous avons vu que le chef de la famille primitive en est également le pontife; et aussi longtemps que lui et ses successeurs restent en possession de leur autorité, ou qu'aucune autre religion ne s'introduit dans l'État, ils conservent nécessairement la même suprématie spirituelle, malgré le développement que prend la famille. Lorsque le souverain, de temps immémorial, est chef légitime de l'Église, le caractère sacré dont il est revêtu ainsi, peut devenir un des liens les plus forts qui l'attachent à ses sujets.

Il existe encore dans l'État un autre lien d'une nature particulière, qui cependant ne se retrouve pas dans la famille, c'est le serment. Le père de famille ne peut vouloir l'exiger de ses enfans, puisque aucun d'eux ne se trouve dans le cas de lui contester son pouvoir. Dans la société agrandie,

au contraire, l'existence de l'autorité est plus facilement compromise, et ceux qui l'exercent peuvent vouloir en assurer la durée au moyen d'un
engagement solennel.

Mais, de même que toute autre promesse, le serment est du domaine philosophique de la morale,
en sorte qu'il ne saurait nous appartenir d'en examiner la nature en ce lieu.

Le noyau solide d'une succession régulière à
l'exercice de l'autorité souveraine manque dans la
république, à mesure qu'elle se rapproche de la
pureté démocratique, puisque, dans ce cas, aucune institution ne saurait s'y consolider indépendamment de la volonté de la corporation souveraine. Mais une telle succession ne pouvant avoir
lieu dans la république, cette institution est rem-
placée par une autre, la loi fondamentale qui détermine la manière dont la corporation souveraine
se complète, soit par l'admission de tous ses membres majeurs, soit par les pères de famille seuls,
ou à d'autres conditions de plus en plus restrictives.

D'un autre côté, les liens du sentiment, qui
unissent les membres de l'État avec leur chef, lorsque celui-ci est une personne réelle, doivent subir
une grande altération, lorsque l'autorité souveraine
est exercée par ce qu'on nomme une personne morale, une corporation. Car les membres de la cor-

poration souveraine peuvent bien se trouver individuellement en rapport de sentiment direct avec les
individus qui sont dans leur dépendance, mais non
la corporation dans sa totalité. Il s'ensuit, que dès
qu'il y a dans la république d'autres sujets que les
familles des membres de la corporation souveraine,
leur dépendance devient d'autant plus onéreuse
qu'il n'existe pas de sentiment qui puisse en al-
léger le poids. Cette circonstance oblige les membres souverains de la république de s'unir plus
étroitement entre eux, et de recourir à la terreur,
pour maintenir leurs sujets dans une soumission
qui leur pèse. Il s'ensuit, qu'une éducation inspirant aux citoyens un dévouement sans bornes
pour la république, et une sévérité excessive envers leurs sujets, deviennent les conditions de la
durée de cette forme sociale.

C'est ainsi que l'amour du prochain est le lien
du sentiment le plus général parmi les hommes.
La nationalité embrasse un cercle plus étroit, et ne
comprend, originairement du moins, que les individus soumis aux mêmes influences physiques et
morales. Les liens de famille enfin ne s'étendent
qu'à ceux avec qui on se trouve dans les rapports
les plus intimes.

Cette source vive du sentiment, où l'esprit et la
matière sont en fusion, découle de la nature intime

de l'homme, et s'épanche sur ses rapports avec la
société dans laquelle il se trouve, en identifiant ainsi
les individus à la totalité. Les rapports sociaux qui
se trouvent pénétrés de cet élément, s'animent de
la vie des êtres organiques, en sorte qu'on peut
nommer organisme social l'ensemble de ces rapports dans une société spéciale.

La société en général existe avant l'individu;
plus tard les hommes qui la composent, peuvent se
séparer et former, à leur tour, de nouvelles réunions. — Mais quoiqu'il dépende de leur volonté
de former une réunion, ils n'en peuvent déterminer que les rapports rationnels, et non ceux qui
sont fondés sur le sentiment. Car les rapports sociaux organiques, ainsi que tout autre organisme,
sont un produit de la nature et non de la raison
humaine. — Cependant des rapports sociaux uniquement rationnels peuvent se transformer en rapports organiques, si le principe vivifiant de la confiance et du sentiment venait à les animer. Comme
production de la nature, chaque organisme social
est un tout complet en lui-même, qui ne saurait
être apprécié par comparaison avec des organismes
pareils, dont l'existence se lie à d'autres conditions (1).

---

(1) « Was auf der höchsten Stufe der Entwickelung oder Blüthe
eines Pflanzen-Thier-Menschen oder Völker-Individuums schön oder

Mais si l'homme est incapable de créer, il peut détruire tout corps organique. L'injustice, ou les actions qui blessent ou révoltent le sentiment, menacent l'organisme social dans son existence même, en tarissant la source vive qui le féconde. Cependant, de même que tout autre corps organique, l'organisme social ne périt pas par suite de chaque lésion. Mais ces atteintes, en se renouvelant, le minent imperceptiblement : peu à peu les sentimens qui ont de la généralité disparaissent, et se trouvent remplacés par des sentimens égoïstes d'intérêt personnel, d'amour-propre et de vanité. Alors rien de vital ne lie plus les hommes, et ils ne tiennent ensemble que par un lien mécanique, la force des circonstances, ou celle de l'habitude.

Mais ce lien mécanique devient pénible aux hommes dès que le milieu du sentiment n'en mitige plus la dureté. Lorsque l'union intime que produit le sentiment n'existe plus, les moyens extérieurs peuvent seuls conserver une unité, qui n'est plus qu'extérieure. L'autorité souveraine y aura nécessairement recours, mais cet emploi de la force devenant oppressif aux individus qui composent l'État, ils s'efforceront de secouer ce joug

---

hässlich sei, ist nur subjectiv-menschliches Gefühl, menschlich beschränkte Ansicht. » (Die Systeme der praktischen Politik im Abendlande v. *H. Vollgraff*, T. I, S. 16.)

par tous les moyens en leur pouvoir, et c'est ainsi
que les révolutions et les émeutes agiteront sans
cesse la société matérialisée.

CONSIDÉRATIONS GÉNÉRALES.

C'est ainsi que nous avons vu s'expliquer, par le
simple mouvement dialectique de l'idée du droit,
les différens rapports qui se forment dans la société
humaine.

Nous avons donné le nom de Philosophie du
droit à ce système scientifique, parce qu'il n'est
autre chose que le développement philosophique
de la même idée du droit.

Cependant il résulte de ce que nous avons dit au
chapitre précédent, que quoique le droit soit la
base générale des rapports sociaux, les motifs de
la religion et de la morale donnent aussi lieu à des
rapports d'homme à homme. Mais l'influence de
ces deux motifs n'est que partielle, l'homme étant
libre de s'y soustraire, ce qui n'existe pas à l'égard
du droit, dont l'observation peut lui être imposée
forcément. Ainsi donc la seule base sur laquelle

un système de rapports sociaux puisse être élevé,
est celle du droit, puisque les autres motifs que nous
avons indiqués n'ont d'effet que sur l'individualité de l'homme, et ne peuvent même servir de
base à l'établissement régulier de rapports sociaux.
— Et c'est ce qui justifie le second titre de cet ouvrage, car nous croyons avoir expliqué ces rapports en les présentant sous le point de vue du
droit, puisque les autres motifs de religion et de
morale, tout en exerçant l'influence la plus bienfaisante sur les relations sociales, n'arrivent qu'in-
directement à cet effet, ayant uniquement rapport
à l'individualité de l'homme.

Ces motifs étant différens de celui du droit, il
appartient aussi à une autre science de s'en occuper. Car en confondant les limites des sciences, on
n'en augmente pas l'étendue, mais on les défigure
au contraire, comme le fait observer Kant.

Par la même raison nous n'avons pas entrepris
la déduction métaphysique des différentes faces ou
modalités du principe spirituel, qui ont paru dans
le courant de cet ouvrage, sous le nom de volonté,
d'intelligence ou de liberté, n'ayant à nous occuper que de la combinaison de ces manifestations
de la même espèce spirituelle avec la matière, et
non à les considérer en elles-mêmes.

La combinaison de l'esprit avec la matière, dans

le sens particulier qui constitue l'idée du droit, s'est d'abord présentée à nous au chapitre ı sous un double point de vue, comme droit personnel et comme droit réel, et nous avons examiné au chapitre ıı les variations de ce dernier.

L'identité du principe spirituel dans tout individu humain étant reconnue, l'idée du droit en acquiert un nouveau degré de développement, et ce développement apparaissant comme une autre idée, elle reçoit le nom de justice. Nous avons considéré au chapitre ııı la justice d'abord comme idée subjective, ensuite comme idée objective ou réalisée, et nous en avons suivi les deux côtés abstraits, qui nous ont ramené à la totalité de l'idée.

Son développement ultérieur a donné pour résultat, au chapitre ıv, d'abord la punition du mal par le mal, puis la rétribution du bien par le bien.

Après avoir suivi ainsi le développement de l'une des modalités du droit, nous avons entrepris la même tâche à l'égard de l'autre, celle qui constitue le droit personnel. Nous avons vu au chapitre v que le droit personnel produit une altération apparente dans le principe spirituel lui-même, en y introduisant une inégalité extérieure qui se manifeste, d'un côté, comme autorité, de l'autre, comme dépendance.

En suivant le droit personnel jusqu'à ses dernières conséquences, au chapitre VI , nous avons dû nous convaincre que, de cette manière, on fait abstraction d'un des côtés essentiels de la nature humaine, de celui qui se nomme la liberté. Nous avons été forcé alors de remonter à la source du droit, le principe spirituel, afin de trouver dans cette cause première de toute manifestation humaine l'origine de cet autre élément social. — C'est ainsi qu'on a vu s'élever un nouveau système formant l'exacte contre-partie du premier. Pour que l'apparence d'inégalité qu'avait prise le principe spirituel fût ramenée à une égalité apparente représentant son égale valeur spirituelle, la cause de cette inégalité, le droit réel , a dû être détruit. Mais les hommes ayant toujours les mêmes besoins, ne pourront se passer des objets nécessaires à leur existence ; seulement, au lieu de les occuper individuellement, ils ne les occuperont plus qu'en commun. Cependant, quand même le principe spirituel des hommes s'identifiant en une seule volonté, exercerait en toute liberté sa domination sur la matière ou les objets qui appartiennent à la société, il rencontrerait des bornes dans les limites extérieures de la société elle-même. Et c'est ainsi que nous y retrouverions l'idée du droit ; toutefois, au lieu de droits individuels, nous aurions un droit général dont le principe spirituel se composerait de toutes les volontés de la société réunies en une seule, et dont le principe matériel consisterait dans l'ensemble de tous les objets appartenant à la société. Mais, dans l'état patriarcal, nous avons aussi vu un droit général se développer du droit individuel, puisque toutes les volontés y sont soumises à une seule, et que cette volonté s'étend également à toute propriété de l'État. — En sorte que deux genres de droit général se trouveraient en présence, comme expressions extrêmes des deux côtés de la nature humaine.

Cependant chaque extrême, pris dans son isolement, est également contraire à la nature humaine, puisque également il y est fait abstraction de l'individualité de l'homme, tandis que celui-ci néanmoins n'existe que comme individu en réalité. C'est pourquoi ces extrêmes se rapprochent, d'abord d'une manière partielle, ensuite d'une manière générale, comme on l'a vu au chapitre vii.

Mais cette réconciliation des deux systèmes, qui représentent, l'un l'élément de l'autorité, l'autre celui de la liberté, ne peut s'accomplir d'une manière durable que si chacun des deux trouve une sphère où il puisse maintenir sa prépondérance. Le droit réel présente une sphère pareille à l'élément de la liberté, puisque l'égalité essentielle du

principe spirituel peut y être constamment maintenue, au milieu de toutes les modifications que
produit l'inégalité matérielle du droit. A cet effet,
il s'agit de respecter seulement, d'une manière
égale, le droit de tout individu. L'élément de l'autorité, par contre, peut établir sa prépondérance
dans la sphère qui comprend les différentes fonctions générales de la société, où l'individualité
reste subordonnée à la totalité. Dès-lors les deux
élémens sociaux trouvent une combinaison où ils
peuvent se comporter mutuellement.

Au chapitre viii, nous avons montré que la
scission des principes sociaux existe nécessairement
d'une manière plus ou moins sensible dans toute
forme sociale, puisque l'équilibre de deux principes opposés et vivaces ne peut avoir lieu que momentanément; mais que cette scission est tempérée
par un nouveau milieu ou élément social, celui
du sentiment.

Les formes sociales étant le produit de l'antagonisme des deux principes de la liberté et de l'autorité, chacun des deux, pris dans son isolement, a
servi de base à une science politique. L'opposition
de cette double science remonte à l'époque, où
l'homme a commencé à se rendre compte de la nature des rapports sociaux. Les écrits de Platon et
d'Aristote révèlent déjà cet antagonisme de la ré-

flexion. Platon représente la tendance de liberté qui prédominait chez les Grecs. La volonté du peuple y étant considérée comme source unique de tout ordre social, les poètes et les philosophes rêvaient l'idéal de la république qui tôt ou tard pouvait être réalisé. Mais Aristote cherchait une base objective des rapports sociaux, et espérait la trouver en suivant avec attention la formation naturelle. — A Rome, le droit s'était développé dans un sens matériel, mais sévèrement logique; c'est pourquoi il s'y est maintenu toujours dans une certaine indépendance de la loi, tandis qu'en Grèce le droit s'est trouvé entièrement soumis et assimilé à la loi (1). C'est ainsi que les lois agraires mêmes étaient différentes à Rome et en Grèce; car les lois agraires romaines ne se rapportaient pas aux anciennes propriétés des patriciens, mais seulement aux nouvelles conquêtes qu'ils voulaient s'attribuer exclusivement. (*Voy.* Vollgraff. Die Systeme der praktischen Politik, etc., T. II, p. 222.)

Au moyen âge les deux systèmes politiques se trouvaient pacifiquement réunis, ou plutôt confondus, parce qu'on n'avait pas acquis encore la

---

(1) « Die Griechen hatten nur *Nomos* und seine Derivaten während die Römer, wenn sie nicht wie Cicero so oft that, ein griechisches Original vor sich haben, nie *Lex* und *Jus* verwechseln. » (Lehrbuch des Naturrechts, etc., v. prof. *Hugo.* S. 12.)

conscience de leur opposition. C'est ainsi que les écrits de saint Augustin ou de Thomas d'Aquin, malgré la haute intelligence de ces deux écrivains, font preuve d'une confusion de principes politiques, dont le publiciste le plus médiocre serait incapable de nos jours (1).

Les ouvrages de Hugo Grotius et de Pufendorf décèlent encore la même contradiction. Mais bientôt le système de la liberté a pris une direction de plus en plus exclusive. Plus tard le système de l'autorité fondée sur le droit s'est développé par opposition au premier. Et les partisans de celui-ci ayant prétendu que la raison elle-même en constitue la base, il ne paraissait rester à l'autre école, pour motiver sa doctrine, que l'autorité divine et le témoignage de l'histoire. Et c'est pourquoi elle prit le nom d'école historique, par opposition à l'autre, qui s'appelle école rationnelle.

Dans le système que nous venons d'exposer, tous

---

(1) Pour citer un exemple, nous indiquerons les deux passages suivans de Thomas d'Aquin, qui contiennent deux opinions opposées sur l'origine de la société humaine, énoncées, non d'une manière conditionnelle, mais d'une manière générale et valable pour tous les temps. Th. d'Aquin par le d'abord d'un pacte entre le peuple et le souverain, et des précautions qu'ont à prendre ceux à qui il appartient d'élire le souverain (ad quos hœc spectat officium), afin qu'il n'abuse pas de son autorité. (De regimine principum. L. I, cap. vi.) Ailleurs Th. d'Aquin comprend parmi les attributions d'un souverain celle de fonder les royaumes. « Sub regio enim officio comprehenditur etiam institutio civitatis et regni. » (L. c. lib. I. cap. xiii.)

les systèmes rencontrent un point de réunion,
puisqu'ils y trouvent, chacun, une place, mais
une place limitée et relative seulement. Il y a de
plus à observer, que nous tombons d'accord, à cet
égard, avec la raison pratique, qui occupe de nos
jours le milieu entre les théories extrêmes, comme
nous l'avons fait voir au chapitre vii, et c'est ce
qui nous inspire une nouvelle confiance dans la vérité de notre doctrine.

En terminant, nous ne saurions nous empêcher
d'exprimer la conviction que le progrès prochain
de l'humanité consistera dans le développement de
plus en plus considérable de la raison pratique en
politique. Le moment arrivera ainsi, où on aban-
donnera les systèmes abstraits, et où on ne cherchera plus le bonheur social dans des formes extérieures; car on se sera aperçu que celles-ci
n'ont de valeur que par l'esprit qui les anime. Le
mouvement politique n'aura alors d'autre but que
celui de mettre en évidence ou de constater la vérité de cet esprit, et n'attachera de prix qu'à la sincérité et à la droiture de ceux qui exercent l'autorité. Et on y verra enfin une meilleure garantie
que dans toutes les combinaisons de la théorie qui
ne reposent pas sur la base solide de la vertu publique.

FIN.

TABLE DES MATIÈRES.

CHAPITRE IV.

La justice distributive.

CHAPITRE V.

Le droit personnel.

CHAPITRE VI.

Les différentes formes sociales.

CHAPITRE VII.

La société moderne.

CHAPITRE VIII.

De l'organisme social.

FIN DE LA TABLE.

ERRATA.

—

Page	2, ligne 25, au lieu de Secle,	lisez Seele.
—	3 — 18 — mochte,	— môchte.
—	id. — 19 — wurde,	— würde.
—	id. — id. — Anfangsgrunde,	— Anfangs-gründe.
—	11 — 18 — três-simple,	— très-sim-ple.
—	61 — 17 — Fuhn,	— Thun.
—	115 — 25 — arklären,	— erklären.
—	116 — 29 — skizzen,	— Skizzen.
—	126 — 40 — omit,	— womit.
—	128 — 29 — (1174),	— (+1174).
—	138 — 27 — nämlich,	— nämlich.

www.ingramcontent.com/pod-product-compliance
Ingram Content Group UK Ltd.
Pitfield, Milton Keynes, MK11 3LW, UK
UKHW021922070726
13614UKWH00001B/191